Einfach kochen

Felix Olschewski

EINFACH KOCHEN

Methoden und Rezepte

Ein Urgeschmack-Buch

Bibliografische Information der Deutschen Nationalbibliothek
Die Deutsche Nationalbibliothek verzeichnet diese Publikation in der Deutschen Nationalbibliografie; detaillierte bibliografische Daten sind im Internet über http ://dnb.dnb.de abrufbar.

www.urgeschmack.de

Satz, Herstellung und Verlag:
BoD – Books on Demand, Norderstedt
ISBN: 978-3-7528-7940-7

Für jeden, der gerne kocht.

INHALT

Einleitung

Dieses Buch richtet sich an alle, die gerne regelmäßig kochen würden und den Lohn ernten möchten: Genuss, Gesundheit und eine gute Figur. Ganz gleich ob Anfänger oder fortgeschrittener Koch: *Einfach kochen* soll dir als Motivation dienen, möglichst häufig zu kochen. Das macht dich unabhängig und bereichert dein Leben, dient deiner Gesundheit und Umwelt und es erdet dich. Möglicherweise wird auch der Sex leidenschaftlicher und der Hund hört besser. Die Katze nicht.

Auf der ersten Seite eines Buches schreibe ich meist einen Überblick über den Inhalt. Diesmal gebe ich dir stattdessen eine Abwandlung meiner drei Leitsätze mit.

1. Wenn Du kochst, dann koche. Tu und denk nichts anderes. Sei achtsam.

2. Fürchte nichts. Kochen ist kein Wettbewerb. Explosionen sind unwahrscheinlich und solange du die Finger auf der richtigen Seite der Messerklinge hältst, besteht kein Grund zur Beunruhigung.

3. Kochen macht Spaß. Wenn nicht, machst du etwas falsch.

Was daran eine Abwandlung ist? An die Stelle des Kochens setze ich in diesen Aphorismen: Leben. Leben macht Spaß. Dazu gehört auch mal Trauer und Schmerz. Leben ist kein Wettbewerb. Und wenn du etwas machst, dann mach es richtig oder gar nicht. Sei dabei immer achtsam.

IN DER KÜCHE DUZEN WIR UNS

Du hast es schon bemerkt: Ich duze dich. Im Deutschen schafft das Siezen Distanz. Die können wir in der Küche nicht gebrauchen, denn da müssen wir eng zusammenarbeiten. Sonst schmeckts nicht. Auch sprachlich ist Siezen umständlicher als Duzen. Machen wir es uns also leicht.

DANKE

Ich danke dir, lieber Leser, für die Aufmerksamkeit, die du diesem Buch widmest. Wenn du selbst kochst und Zutaten direkt vom Erzeuger kaufst, machst du die Welt ein wenig besser.

Außerdem danke ich Helmut Backers und seinem Team, Christian Holtkötter und Helga und Wolfgang Möllering für die Hingabe, mit der sie Lebensfreude schöpfen. Ihr bereichert das Leben mit weit mehr als Gaumenkitzel. Danke, dass ich teilhaben darf.

Kochen ist einfach. Koch doch einfach.

Jeder kann kochen.

Wenn du dein Frühstücksei selbst salzt, erfüllst du bereits alle Voraussetzungen, die man zum Kochen benötigt: Geschmack und den Willen, ihn zu befriedigen. Echtes Kochen ist nicht, was wir im Fernsehen sehen, wo Kasper das Volk unterhalten, dabei um die Wette quasseln und Zutaten zusammenwerfen mit vielen Tricks und Spektakel.

Und nur selten finden wir das echte Kochen bei den Berufsköchen im Restaurant, die unter Zeit- und Gelddruck arbeiten und zu oft viel Rummel um wenig Geschmack machen.

Das echte Kochen gibt es zu Hause in der Küche. Da macht einer, selten ein Profi, die Familie satt und verzaubert sie oft mit höchstem Genuss.

Das ist das echte, das eigentliche Kochen. Es ist das Kochen, das Eltern – meist Mütter und Großmütter – an ihre Kinder weitergeben und so bewahren und stets weiter entwickeln. Es ist eine Quelle der Tradition, es definiert uns kulturell. Es ist das tägliche Kochen; das Kochen, das unsere Zivilisation aufgebaut hat. Es ist das einfache

Kochen, das jeden Tag Menschen sättigt und das Überleben sichert. Kochen ist einfach. Es ist kein Wettkampf, es braucht kein Diplom, keine Institution, keine Profis. Jeder kann kochen. Jeder darf kochen. Jeder sollte kochen. Dafür gibt es mindestens acht gute Gründe.

WARUM SELBST KOCHEN?

Selbst kochen verändert das Leben. Es dient der eigenen Gesundheit, körperlich und geistig, Tag für Tag. Es erweitert den Horizont, schärft die Sinne und pflegt Beziehungen. Das gilt zugleich für jeden einzelnen und übergreifend für die gesamte Menschheit.

GENUSS UND ERLEBNIS

Kochen ist vergleichbar mit dem Vorspiel beim Sex. Es erhöht die Empfindsamkeit, Intensität und Extase der Sinneswahrnehmung.

Wer nicht selbst kocht, beschränkt hingegen seine Sinne. Man erlebt dann nur einen oberflächlichen Ausschnitt der verfügbaren Aromen. Die fertige Speise auf dem Teller ist nur der Endpunkt einer Abenteuerreise durch die Welt der Stimulanzien in der Hitze der Küche. Nur der Koch erlebt die ganze Reise, ist hautnah dabei, wenn ein

Dutzend Gewürze zu einem Ganzen werden; er schöpft aus Eis und Feuer und atmet auch die flüchtigsten Aromen. Dem bloßen Esser, dem Verbraucher mangelt es an solcher Sinneskompetenz. Wer nicht selbst kocht, beurteilt Essen mit einer beschränkten Sichtweise. Natürlich kann der Esser trotzdem beurteilen, ob ihm etwas schmeckt. Doch das ist ein tragischer Selbstbetrug: Was er isst, hat jemand anders zubereitet. Als betrachtete er die Fotos der Abenteuerreise eines Fremden. Sein Horizont bleibt stets beschränkt durch anderer Menschen Geschmack, Rezepte und Bräuche. Kann so jemand überhaupt erwarten, von jemand anderem ein köstliches Mahl vorgesetzt zu bekommen?

Wer nie selbst gekocht hat, nie selbst geschnitten, geschmort, gewürzt und gebraten hat, weiß gar nicht um die bestehenden Möglichkeiten – und Unmöglichkeiten. Er weiß nicht, was seine eigenen Sinne überhaupt können. So jemand lebt in einer nebulösen Welt, fremdbestimmt durch die Geschmäcke anderer Menschen.

Biologie und Evolution

Kochen macht uns zum Menschen, meint der Primatologe und Professor für biologische Anthropologie an der

Harvard Universität Richard Wrangham. Unser direkter Vorfahre *Homo erectus* entstand demnach vor rund 1,8 Millionen Jahren durch die Entdeckung des Feuers. Er hatte kleinere Zähne als sein Vorgänger *Homo habilis* und sein Brustkorb deutet auf einen kleineren Magen hin. Nie zuvor in der Evolution waren die von der Ernährung abhängigen Veränderungen am Körper so groß. Das passt zur Vermutung, die Qualität der Ernährung habe sich verbessert und das Essen sei weicher geworden. Andererseits verloren wir die Fähigkeit zum effizienten Klettern und schliefen somit auf dem Boden. Das sei ohne Kontrolle über das Feuer als Schutz kaum zu erklären. Gleichzeitig vergrößerte sich unser Schädelvolumen um beinahe die Hälfte. Das deutet auf bessere Verfügbarkeit von Energie hin, denn davon benötigt das Gehirn besonders viel.

Energie ist die Grundlage des Lebens. Deswegen ist Kochen von zentraler Bedeutung für das Leben: Es erhöht die Energieverfügbarkeit. Zum Gewinnen der gleichen Energiemenge muss man rohe Nahrung erheblich länger kauen als gekochte, beziehungsweise verarbeitete Nahrung. Schimpansen verbringen zum Beispiel etwa sechs Stunden täglich nur mit Kauen und Verdauen.[1] Für den frühen Menschen war die bessere, einfachere und schnellere

Energieversorgung durch das Kochen daher ein entscheidender Durchbruch in der Evolution sozial, ökonomisch und intellektuell.

An diesen physiologischen Auswirkungen lässt sich zwar der Wert des Kochens unbestreitbar ablesen. Jedoch folgt daraus nicht, man müsste unbedingt selbst kochen. Warum sollte man es nicht von jemand anderem erledigen lassen? Weil der Wert nicht in der gekochten Nahrung allein steckt, sondern auch in der Tätigkeit selbst. Der Nutzen zeigt sich psychologisch, sozial und kulturell – aber auch greifbar gesundheitlich.

Psychologie und Kultur

Es sei kaum zu glauben, schreibt die amerikanische Essayisin M. F. K. Fisher, »dass normale Menschen das durchschnittliche Restaurantessen nicht nur tolerieren, sondern dem Essen zu Hause sogar vorziehen. Die einzig mögliche Erklärung für solch vorsätzliche Massenvergiftung, eine Art Suizid des Geistes wie des Körpers ist, dass die Mahlzeiten in der Intimität des familiären Esszimmers oder der Küche unerträglich sind.«[2] Ihre Vermutung untermauert sie mit Beispielen aus der Literatur.

So etwa Richardson Wright, Autor des *Bed-Book of Eating and Drinking:* »Das erste Anzeichen ehelicher Probleme ist, wenn Mann oder Frau es anwidert, gemeinsam am Esstisch zu sitzen. [...] Probleme am Esstisch sind häufig Probleme in der Ehe. Ein gemeinsamer, gesunder Appetit und Wissen über Essen und Kochen sind die Basis für eine gute Beziehung.« Mehr gemeinsame Mahlzeiten am Küchentisch würden »den ehelichen Status stabilisieren. Ich glaube, dass ein Mann nicht um die Bedeutung und Sicherheit einer glücklichen Ehe weiß, bevor er sich selbst eine Mahlzeit gekocht hat.« (Wer es sich noch nicht selbst gemacht hat, kann auch andere nur schlecht befriedigen. Siehe dazu Seite 200.)

Der französische Gastrosoph Jean Anthelme Brillat-Savarin überrascht kaum mit seiner Äußerung »Gesundes Interesse an Tafelfreuden, das heißt kultiviertes Essen am Tisch, kann viel Glückseligkeit bringen.«

Fisher setzt ihre Vorstellung in ein greifbares Verhältnis: »Den Gaumen zu kultivieren ist mindestens so wichtig wie die Perfektionierung des Golfschwungs oder die Leibesertüchtigung.«

All diese Beschwörungen mahnen zu Sorgfalt und Aufmerksamkeit beim Essen. Und sie rechnen der eigenen

Küchenarbeit einen hohen Stellenwert zu, denn nur dadurch kann echte Sorgfalt geschehen. Wer nur isst und nicht kocht, beschränkt sich auf weniger als die Hälfte der Esserfahrung. Zum vollständigen Erlebnis des Essens gehört das Beschaffen und Verarbeiten der Lebensmittel. Wer diese Schritte überspringt, enthält sich selbst den Zusammenhang vor und er verpasst den scheinbar magischen Zeitpunkt in der Küche, an dem aus Lebensmitteln ein Gericht wird – oder ein Festmahl. Und er beraubt sich grundsätzlich der sozialen Aktivität des gemeinsamen Kochens.

Vor diesem Hintergrund sind Fertiggerichte aus der Mikrowelle häufig eine Katastrophe. Nicht nur entfallen hierbei Einkauf und Zubereitung der Zutaten; auch das gemeinsame Essen, das Teilen der Mahlzeit geht verloren. Denn in kaum einer Mikrowelle kann man Essen für mehr als ein oder zwei Personen zubereiten oder aufwärmen. Man isst nacheinander im fünf-Minuten-Takt, jeder für sich mit der eigenen, abgeteilten Portion. Die Mikrowelle hat unsere Esskultur und dadurch unsere Gesellschaft verändert, indem ihr Einsatz vielerorts das soziale Zusammensein am Esstisch zerstörte. Auch die Historikerin Bee Wilson beschreibt in *Am Beispiel der Gabel* den zentralen

Stellenwert des Feuers in der Gesellschaft. Feuer war der Mittelpunkt des Zusammenseins: Der Feuerplatz im Dorf, dann der Feuerplatz im Haus. Diesen Platz nahm später der Herd in der Küche ein. Setzt sich der technologische Trend fort, weicht der Herd endgültig der Mikrowelle. Der Esstisch – ein Symbol des familiären Beisammenseins – ist häufig schon der Verwahrlosung preisgegeben, begraben unter Zeitungen, Notizen, Post und Steuerformularen. Dabei ist gerade die Gemeinschaft eine der großen Stärken unserer Spezies.

Den Wert einer gemeinsam verspeisten Mahlzeit können wir auch bei unseren nächsten Verwandten beobachten: Wenn Schimpansen auf der Jagd Fleisch erbeutet haben, verzehren sie es gemeinsam. Das verstärkt die sozialen Bindungen in der Gruppe, verbessert so die Zusammenarbeit und fördert den künftigen Erfolg.[3]

Die Arbeitsteilung in der modernen Küche ist hingegen ein Paradoxon: Wir können sie nicht sehen und doch ist sie umfangreicher als je zuvor. Früher schufteten Sklaven, Diener oder Frauen in der heimischen Küche. Heute verrichtet Elektrizität die Arbeit. Die Energie gewinnen wir aus fossilen Brennstoffen durch die Arbeit anderer Menschen in der Ferne. Damit betreiben wir Küchengeräte, zusammengebaut von fremden Händen in anderen Teilen der Welt. Wir verarbeiten Zutaten, abermals angebaut, gesammelt, geerntet und geschlachtet durch die Mühe anderer Individuen. Schweiß und Schmutz entstehen in jedem Falle. Wer selbst kocht, kann allerdings immerhin einen kleinen Teil seiner Unabhängigkeit wahren und Demokratie leben – oder Solidarität mit den Erzeugern bekunden. Der Lohn ist eine bessere Gesundheit.

Gesundheit und Sicherheit

Kochen macht schlank. Das klingt spektakulär, ist jedoch fundiert und bedarf im Detail einer längeren Erklärung – die folgt auf Seite 190. Wenn man eine Mahlzeit selbst kocht, sei das ein größeres Anzeichen gesunder Ernährung als der Nährstoff- oder Kaloriengehalt, argumentiert auch Michael Pollan, Autor mehrerer Bestseller über Ernährung, Lebensmittel und deren Entstehung.[4] Denn wenn ein Industrieunternehmen kocht, benutzt es in der Regel verhältnismäßig viel Salz, Zucker und Fett. So kann man den minderen Geschmack schlechter Zutaten einfach überdecken.

Die Arbeitserleichterung für aufwendige Speisen wie Pommes Frites spielt eine zusätzliche Rolle. Sind solche als ungesund geltenden Nahrungsmittel einfach aus dem Supermarktregal verfügbar, isst man sie häufiger. Muss man sie hingegen selbst zubereiten, ist man zu dem damit verbundenen Aufwand erheblich seltener bereit.

Regelmäßiges Kochen mit frischen, unverarbeiteten Zutaten schult die Sinne und die Fähigkeit zum Unterscheiden guter und schlechter Lebensmittel. Das ist ein wirksames Hilfsmittel zum Kauf der besten und gesündesten Lebensmittel wie auch gegen viele Formen des Lebensmittelbetrugs. Das Selbstkochen erhöht so die Transparenz und Sicherheit des Essens.

»Das gemeinsame Mahl erhebt Essen vom mechanischen Prozess der Energieversorgung zu einem Ritual der Familie oder Kommune, von tierischer Biologie zu einem Akt der Kultur.«[5] Was Michael Pollan als Ritual und Akt der Kultur bezeichnet, wirkt direkt auf die Gesundheit: Alleine essen macht krank. Alleinstehende oder verwitwete Senioren essen seltener und weniger vielseitiges Obst und Gemüse. Zugleich neigen sie häufiger zu Übergewicht, wobei allein essende Männer zugleich stärker von Untergewicht gefährdet sind.[6] Essen Jugendliche häufig mit ihren Eltern zu Abend, berichten sie mit erheblich höherer Wahrscheinlichkeit von einem hervorragenden Verhältnis zu ihren Eltern. Eine solch gute Beziehung ist schon für sich genommen gesund und angenehm und gewiss streben die meisten Familien dies an. Doch der Effekt geht darüber hinaus: Jugendliche mit einem so guten Verhältnis zu ihren Eltern bleiben mit bis zu vierfacher Wahrscheinlichkeit Drogen wie Marihuana, Alkohol und Tabak fern. Das bestätigt die These, ein positiv gefestigtes soziales Umfeld schütze effektiv gegen Drogenmissbrauch.[7]

Lebt eine Familie von Fertiggerichten, die in Einzelportionen zu beliebiger Tageszeit aus der Mikrowelle kommen, fördert das keine gemeinsame Mahlzeit. Entsteht hingegen eine große, gemeinsame Mahlzeit in der Küche, vereinen sich alle Familienmitglieder über den Zeitpunkt und den Inhalt des Essens. Man trifft sich am Esstisch und teilt die Mahlzeit.

Zusammenfassung

- Selbst kochen ist gut für dich, es dient deiner körperlichen und geistigen Gesundheit und deinem Sozialleben.
- Kochen macht dich zum Menschen, schult deine Sinne und verbessert deine Genussfähigkeit.
- Kurz: Kochen bereichert dein Leben wesentlich.

WAS HEISST GUT KOCHEN?

»Die Küche ist ein Ort, an dem gute Dinge passieren.«

–TATSACHE

Gutes Kochen ist einfach. Es ist zugleich effizient und elegant, ökologisch und ökonomisch. Denn nur dann ist es nachhaltig, das heißt: Nur dann können wir es auch in Zukunft noch tun.

Gut gekocht ist es dann, wenn es schmeckt (doch nicht alles, was gut schmeckt, ist gut gekocht). Kann ein Essen jedermann schmecken? Schließlich sind Geschmäcke so verschieden wie Menschen. Wenigstens einem kann es immer schmecken: Dir selbst. Gut gekocht ist das Essen also, wenn es dem Koch schmeckt. Wer kocht, hat Recht.

Eine gut gekochte Mahlzeit ist mehr als die Summe ihrer Teile. Gutes Kochen addiert nicht nur, es multipliziert. Das Ergebnis ist stets etwas Neues.

Gutes Kochen macht viel aus wenig. Es verschwendet nichts und nutzt alle Reste optimal.

Und was steht gutem Kochen im Weg? Genau das, was wir oft mit Kochen gleichsetzen: Rezepte.

REZEPTE: DER NATÜRLICHE FEIND GUTEN ESSENS?

Viele Menschen verstehen Kochrezepte als Eckpfeiler guten Kochens. Genaue Kochrezepte sind jedoch eine Illusion. Denn frische Zutaten unterliegen natürlichen Schwankungen und unterscheiden sich in Geschmack und Größe, Festigkeit und Textur und mehr. Wie alt ist das Mehl? Wann und wie wurde es gemahlen?

Auch Küchengeräte sind ungenau und reagieren verschieden. Backöfen haben Hotspots und erwärmen sich unterschiedlich stark und schnell. Die eingebauten Thermostate erfassen auch nicht den großen Einfluss der Luftfeuchtigkeit an verschiedenen Stellen im Ofen.

Gutes Essen zeichnet sich allein durch seinen Geschmack aus. Den beurteilen wir durch unsere Sinne. Also können auch bei der Zubereitung nur unsere Sinne maßgebend sein, nicht Temperaturanzeigen oder Zeitangaben.

Das gute Essen eines guten Kochs stammt nicht aus dem genauen Einhalten des Rezepts. Im Gegenteil: Ein guter Koch reagiert flexibel auf die individuellen Herausforderungen, vor den die natürlichen Schwankungen frischer Zutaten ihn stellen. Durch aufmerksamen Einsatz seiner Sinne macht er das Beste daraus.

Natürlich misst auch ein kreativer Koch: Nämlich wenigstens per Augen- oder Handmaß. Und das Festhalten von Zahlen als Richtwerte ist unbestreitbar hilfreich. Doch niemals können diese Zahlen Erfahrungen und Sinneseindrücke – die Menschlichkeit – ersetzen.

»Von der Größe einer Walnuss«, »eine Handvoll«, »ein Schluck« – wenn Oma beim Weitergeben ihrer Rezepte solche Angaben macht, treibt sie so manchen Sohn in den Wahnsinn. Doch gerade diese vermeintlich unwissenschaftlichen Maße funktionieren in der Praxis am besten. Die Größe einer Walnuss variiert genauso wie die nötige Menge Tomatenmark für eine Soße.

Zahlen und Maße sind nützliche Hilfsmittel. Ein Rezept kann ein Ausgangspunkt sein. Doch schon beim Salzen eines gekochten Eies zeigen sich die Grenzen von Mengenangaben: Wie viel Salz braucht es? Ein, drei oder fünf mal den Salzstreuer kippen? Unterschiedliche Salzstreuer und Salze bedingen ein immer anderes Maß. Die Temperatur des Eies beeinflusst den Geschmack. Und es ist Geschmacksache. Das fremde Maß kann ein Ausgangspunkt, eine Vorstellung der Größenordnung sein, jedoch niemals mehr.

Kochrezepte führen in der Regel nicht zum besten Essen, sondern zum Mittelmaß. Denn Rezepte enthalten Angaben für durchschnittliche Zutaten. Hält man sich daran, ignoriert man jegliche Abweichungen der Zutaten von der Norm. Das gilt besonders für frisches Obst und Gemüse. Das Ergebnis der Bemühungen kann dann ebenfalls nur mittelmäßig sein. Befolgt man ein gutes Rezept strikt, kann das bestenfalls helfen, eine Katastrophe zu vermeiden. Doch es verhindert zugleich die Entstehung etwas Herausragenden.

Wenn wir mathematisiert kochen, uns also auf Zahlen und Maße versteifen, missachten wir viele nicht messbare Variablen. Darunter den Geschmack auf unserer Zunge und persönliche Vorlieben.

Kochrezepte beginnen meist dort, wo der Koch sich beim Schreiben befand: Mindestens gedanklich in seiner voll ausgestatteten Küche. Ausgehend von der fertigen Mahlzeit ermittelt er die nötigen Zutaten, arbeitet sich durch die Zubereitung voran und endet jäh mit dem Servieren. Er berücksichtigt dabei nicht die Situation des Lesers zu Hause. Was liegt gerade in seinem Kühlschrank, was ist gestern übrig geblieben? Welche Zutaten sind vorrätig, was muss verbraucht werden? Irgendwo muss der schreibende Koch beginnen und enden und er sucht sich den bequemsten Zeitpunkt aus.

Doch unser Alltag verläuft nicht so abgehackt: Die Küche ist nicht immer aufgeräumt, der Kühlschrank nur selten voll bestückt. Sinnvoller scheint daher, das Kochen zu beginnen, wo und wann man den Hunger hat.[8] Mit dem, was gerade im Haus ist. Dabei helfen allgemeine Kochfähigkeiten mehr als ein Haufen Rezepte. Dann kann man sich einfach vorbereiten: Gewürze, Parmesan, getrocknete Pilze, Hafergrütze, Maisgrieß, getrocknete Bohnen, Knoblauch und Zwiebeln, Balsamico-Essig, Olivenöl, ein paar Gemüse – aus diesen gut haltbaren Dingen kann man jederzeit eine köstliche Suppe zubereiten.

Versteifen wir uns in der Küche hingegen auf Maße (Gewichte, Temperaturen, Volumen), verdrängen wir die Menschlichkeit aus der Zubereitung. Kochen wird mechanischer und weniger persönlich. Diese Art des Kochens nach Zahlen und Maßen degradiert den Koch zur ausführenden Maschine. Solche Rezepte suggerieren, die Sinne des Kochs seien bedeutungslos. Seine Arbeit könne auch ein Roboter übernehmen. Und genau das passiert, da wir immer mehr und komplexere Küchenmaschinen einsetzen.

Wir entwerten die Fähigkeit des Kochens, indem wir sie Automaten überlassen.

Wer Rezepten blind vertraut und nach Maß kocht, untergräbt sein Selbstvertrauen. So kann man nicht lernen, sich auf seine Sinne zu verlassen.

Verstehe die Rezepte in diesem Buch deswegen nur als Ideen; als grobe Anleitungen. Klammere dich bloß nicht an die genauen Mengen der Zutatenlisten. In den Zubereitungshinweisen gebe ich mir Mühe, deine Aufmerksamkeit auf die wirklich wichtigen und lehrreichen Handgriffe zu lenken.

Für jedes Rezept gilt: Lies es dir vor der Zubereitung mindestens zweimal durch. Stell dir die Zubereitungsschritte vor. Vergleiche die Anleitung mit den Zutaten: Bleibt etwas übrig? Ist die Verwendung einer Zutat unklar? Konzentriere dich dann beim Kochen auf dein wichtigstes Werkzeug, das Thema des nächsten Abschnittes.

SINNE SIND UNSERE UNERSETZBAREN MESSGERÄTE

Unsere Sinne sind beim Kochen die besten Messgeräte. Die verschiedenen Dimensionen natürlicher Unterschiede bei frischen Zutaten können wir auf einen Blick erkennen. Augen, Nase, Zunge und Finger erfassen schnell und präzise, womit wir es zu tun haben. Selbst die Ohren sind beim Kochen nützlich: sie hören das Knistern, bevor etwas anbrennt (bevor es die Nase riecht) und können durch das Knuspern beurteilen, wie frisch ein Brot ist. Nur unsere Sinne können beim Öffnen der Ofentür beurteilen, ob das Essen wirklich fertig ist oder noch ein paar Minuten benötigt. Der Thermostat in den meisten Backöfen funktioniert zudem nur ungenau und ständige Schwankungen von ±20 °C sind üblich.

Schulen können wir unsere Sinne nur, indem wir sie benutzen. Kochen wir hingegen immer weniger selbst, schwindet zugleich auch die Sinneskompetenz. Wer die Aromavielfalt der Küche kaum kennt und die dahinter stehenden Methoden, der kann auch deren Zweck – das Essen auf dem Tisch – schlecht beurteilen. Immer weniger Menschen werden dann Details schmecken, erkennen und unterscheiden können. Wenn ihnen ein Essen schmeckt, können sie nicht erklären, warum das so ist und welche Aromen und Geschmäcke ihnen besonders gefallen. Parallelen dazu finden wir in der Welt der Musik und bildenden Kunst.

Unsere Sinne sind bedeutsamer als Worte. Kein Text, keine Adjektive können den richtigen Geruch oder

Geschmackseindruck wahrhaft vermitteln. Wir müssen diese Erfahrungen selbst sammeln und beim Kochen aufmerksam probieren, beobachten, hören, fühlen und riechen.

Wer gut kochen lernen möchte, sollte sich mit seinem Werkzeug ebenso beschäftigen wie mit den Werkstücken (Zutaten). So muss man seinen Backofen aufmerksam und oft beobachten und seine Ergebnisse kennenlernen. Nur so entwickelt man die Fähigkeit, frei zu kochen.

Denn gerade das freie Kochen ohne Rezept erfordert Aufmerksamkeit. Dabei schulen wir fortwährend unsere Sinne und bauen mit der Sinneskompetenz zugleich das nötige Selbstvertrauen auf.

ACHTSAMKEIT, SPARSAMKEIT UND LEBENSMITTEL: DIE KONTINUITÄT DES KOCHENS

Verschwendung ist auch die Nebenwirkung genauer Rezepte. Denn ihretwegen bleiben oft kleine oder große Stücke und Mengen übrig. Die Zwiebel war zu groß, zwei Radieschen zu viel und so fort. Ein genau befolgtes, abgemessenes Rezept beschränkt den Spielraum. Auch erlaubt es kaum die Arbeit mit den Resten vom Vortag, denn die sind zu verschiedenartig, als ein Rezept sie erfassen könnte.

Das ist ein weiterer Grund, beim Kochen nicht nur an eine Mahlzeit zu denken, sondern auch an die Tage darauf. Man kann zum Beispiel gleich fünf Blech Gemüse im Ofen backen und währenddessen Rotkohl schmoren. Heute das frisch gebackene, heiße Gemüse genießen und am Folgetag einen kalten Salat daraus zubereiten; oder es in einen Auflauf verwandeln: Das Ende – die Reste des heutigen Essens – ist der Beginn der morgigen Mahlzeit.

Werfen wir Essensreste hingegen weg, verlieren wir neben der Nahrung auch den Aufwand sowie die Überbleibsel der Gedanken und Sorgfalt, die wir in die Zubereitung dieser Mahlzeit gesteckt haben.[9] Dann müssen wir bei der nächsten Mahlzeit von Neuem überlegen, was wir essen und wieder mit allem ganz von Vorne anfangen. Das unterbricht die natürliche Kontinuität des Essens – und des Lebens.

ZUSAMMENFASSUNG

- Gut gekocht ist, wenn es dir schmeckt. All zu striktes Einhalten von Rezepten führt selten zu gutem Essen.

- Lies dir jedes Rezept vor der Zubereitung mehrfach durch, konzentriere dich und gehe alle Schritte im Kopf durch. Ist etwas unklar? Fehlt etwas?
- Deine Sinne sind perfekte Messgeräte für die Küchenarbeit. Nutze und schule sie, statt nur auf Waagen und Messbecher zu vertrauen.
- Reste sind eine tolle Gelegenheit zum Entwickeln eines neuen Rezeptes.
- Sei achtsam und sparsam.

WIE BEGINNT MAN MIT DEM KOCHEN?

»Jeder kann kochen.«

–AUGUSTE GUSTEAU

»Fülle einen Topf mit Wasser und stell ihn bei mittlerer Hitze auf den Herd«, empfiehlt Köchin und Autorin Tamar Adler. Schon hast du mit dem Kochen begonnen. Sind Zwiebeln, Möhren und Sellerie im Haus, kannst du die kleinschneiden und hinzugeben: der Anfang einer Gemüsesuppe. Ein paar Gewürze, etwas Olivenöl und eine Handvoll Reiskörner später erfüllt der Duft einer köstlichen Mahlzeit die Küche.

Das ist keine Empfehlung, künftig alles zu kochen. Es gibt schließlich andere und oft spannendere Methoden des Garens. Und das Abendessen gänzlich aus dem Nichts zu improvisieren ist gewiss nicht jedem Anfänger gegeben. Das Beispiel verdeutlich jedoch, wie einfach Kochen eigentlich ist. Zermartere dir nicht den Kopf mit der Frage nach dem Was. Fang einfach an. Es ist kein Wettbewerb und kein Leben hängt davon ab. Wirklich ungenießbares Essen produziert kaum jemand, wenn er aufrichtig und mit Achtsamkeit kocht. Kochen ist einfach. Es gibt keine Regeln.

Kochen heisst lernen

Ein wahrer Koch, auch der größte Meister, lernt nie aus. Diese Gemeinsamkeit mit dem Meister sollte den Anfänger ermutigen: Beide lernen stetig. Sie kochen beide nur mit Wasser, wie der Volksmund betont (das gilt unter Vorbehalt, dazu später mehr); voraus hat der Meister dem Anfänger sein inneres Gespür für den optimalen Garpunkt – geschult durch hunderte Versuche.

Der wahre Koch ist ein Naturforscher auf der Jagd nach immer neuen und besseren Zutaten. Er ist ein Künstler indem er Aromen und Texturen kombiniert zu einem

Werk, das mehr ist als die Summe seiner Teile. Zum Großteil jedoch ist er ein Handwerker, dessen Messgeräte seine Sinne sind. Sinne, über die wir alle verfügen. Was für manche wie Magie wirkt, ist der sichere Handgriff des Meisters. Die Sicherheit seines Könnens beruht auf Erfahrung. Erfahrung, gesammelt Mahlzeit für Mahlzeit, Stunde um Stunde in der Küche. Erfahrung mit der wahren Werkzeugkiste: dem Handwerkszeug des Kochs.

SO GEHTS:

- Fang an. Hol einen Topf heraus, stelle ihn auf den Herd und hol deine Zutaten raus.
- Lerne durch Tun.
- Sei mutig, sei ein Abenteurer, tanze im Regen, werde ein Meister.

Ab in die Küche

Die wahre Werkzeugkiste: Methoden und Techniken

»Es gibt keine Regeln, nur Werkzeuge.«

−Glenn Vilppu

Wer etwas erschaffen möchte, benötigt Werkzeuge. Die wichtigsten Werkzeuge sind keine Geräte, die man kaufen kann. Selbst die Hände als unser vorrangiges Manipulationsmittel helfen uns nicht, wenn die Sachkenntnis fehlt. Die wichtigsten Werkzeuge beim Kochen sind Methoden und deren ganzheitliches Begreifen. Das Schmoren eines Stückes Fleisch ist ein einfacher Vorgang. Erst zusammen mit dem Verständnis, was beim Schmoren passiert, zu welchem Ergebnis es führt und wozu man es einsetzt, wird es zu einem nützlichen Werkzeug. Den Gebrauch dieser Werkzeuge erlernt man stückweise und oft meistert man sie erst nach vielen Jahren. Das Lernen hingegen endet nie.

Ohne diese Werkzeuge beschränkt sich die Küchenarbeit auf das strikte Befolgen von Anweisungen in Rezepten. Solch eine Arbeitsweise engt deine Freiheit ein und führt nicht zu den besten Ergebnissen. Erst wenn du die Methoden verinnerlichst, kannst du improvisieren und damit reagieren auf natürliche Schwankungen bei Zutaten, zickige Küchengeräte und unvorhersehbare Probleme. Dann kannst du schlechte Rezepte retten und gute verbessern.

DEINE WICHTIGSTEN WERKZEUGE

GRUNDLAGEN

0. SPASS

Das wichtigste Werkzeug beim Kochen ist Leichtigkeit, oder nenne es Spaß, Freude oder Heiterkeit. Ein Koch ist kein Flugzeugpilot; es stehen keine Leben auf dem Spiel. Diese Freiheit solltest du nutzen, um mit Leichtigkeit etwas zu erschaffen, das die Sinne erfreut. Freies Kochen ist ein kreativer Akt: Selbst wer ein Rezept strikt befolgt und lediglich am Ende nach eigenem Ermessen abschmeckt, erbringt eine kleine kreative Leistung. Mit einer vom Ernst verspannten Zunge kann kein Koch den Geschmack beurteilen.

1. Die Auswirkung von Hitze begreifen

Die Bestandteile von Lebensmitteln reagieren unterschiedlich auf Hitze. Oft bewirken wenige Grad Celsius Unterschied große Veränderungen. Fleisch, Fisch und Eier bestehen überwiegend aus Proteinen (Eiweißen), die sich durch Hitze tendenziell verfestigen. Ein Ei enthält über ein Dutzend unterschiedliche Eiweiße mit verschiedenen Garpunkten: Wenn ein Protein schon fest ist, bleibt ein anderes noch flüssig. Zum Kochen eines Frühstückseies sind daher Temperaturen zwischen 60 und 70° C ideal. Höhere Temperaturen verfestigen Eier stärker und können zu einer ledrigen Konsistenz besonders nahe der Schale führen.

Dem Gegenüber reagiert das Proteingemisch Gelatine genau umgekehrt: Bei Hitze verflüssigt es sich; erst beim Abkühlen bildet es ein festes Gelee.

Mit geringer Hitze lassen sich die meisten Lebensmittel hervorragend zubereiten, solange man ihnen genügend Zeit gibt. Doch auch Temperaturen oberhalb 100 °C sind beim Kochen von Bedeutung: Je nach Zutat beginnt um 120 °C die Maillard-Reaktion (siehe Seite 184); knapp darüber, ab 150 °C, karamellisieren die in allen Lebensmitteln enthaltenen Zucker. Beide Reaktionen erzeugen einzigartige neue Aromen, sie verantworten das typische Grillaroma, den Geruch von Kaffee, den Geschmack von so verschiedenen Lebensmittel wie Schokolade, Brot und Bier.

2. KOCHEN, DAMPFGAREN, SCHMOREN, BRATEN, BACKEN UND GRILLEN BEGREIFEN

Diese Begriffe sind nicht einfach verschiedene Worte für den Vorgang des Erhitzens. Sondern sie unterscheiden sich physikalisch, in der Temperatur und in den Ergebnissen.

Kochen ist das Garen in heißem Wasser, die Hitze wird per Konvektion übertragen. Das Gargut erreicht nie mehr als 100 °C und kann in der Regel nicht anhängen. Die beschränkte Temperatur und der Wasseranteil verhindern die Bildung von Röstaromen: Die Maillard-Reaktion (siehe Seite 184) bleibt aus.

Pochieren ähnelt dem Kochen, geschieht allerdings meist bei höchstens 80 °C und dient zum Beispiel dem Garziehen von Knödeln oder Eiern. Das Wasser blubbert dabei nicht wild.

Für das Dampfgaren gilt Ähnliches – im Gegensatz zum Kochen in Wasser gehen hierbei allerdings kaum Nährstoffe und Aromen in die Flüssigkeit über, daher ist

Dampfgaren als Methode mit intensiverem Geschmack beliebt. Ein teures Gerät benötigt man dafür nicht: Ein einfacher Dampfgareinsatz (Vaporette) genügt. Wie das Kochen erreicht es nur im Schnellkochtopf Temperaturen über 100 bis rund 115 °C. Die höhere Temperatur beschleunigt den Garvorgang vieler Lebensmittel.

Braten überträgt die Hitze durch Konduktion: Direkter Kontakt zwischen Metall und Gargut, häufig mit Fett zur besseren Übertragung. Die Temperaturen können weit über 100 °C steigen und solange du kein Wasser hinzufügst, wird es zur Maillard-Reaktion mit vielen neuen Aromen kommen.

Fügt man nach dem Anbraten Flüssigkeit hinzu, kombiniert man die Methoden des Bratens und Kochens. Das nennt man Schmoren. So nutzt man die Bildung der Röstaromen des Bratvorgangs und dann die niedrige Temperatur und das sanftere Garen in Flüssigkeit. Dabei können die Aromen sich besser verteilen. Schmoren ist vielseitig und weltweit verbreitet.

Backen ist die trockene Garung durch Strahlungshitze, meist kombiniert mit Konvektionshitze durch heiße Luft. Hier liegt die Temperatur meist um 150 bis 250 °C, es kommt auch zur Maillard-Reaktion, zum Beispiel auf der

Kruste beim Brotbacken. Im Vergleich zum Braten lässt sich die Temperatur in der Regel einfacher konstant regeln.

Eine besonders hohe Temperatur (bis über 1.000 °C) zeichnet das Grillen aus und ist zugleich seine größte Herausforderung: Ein Stück Fleisch ist schnell außen verkohlt und trotzdem innen noch roh. Mit zunehmender Entfernung zur Hitzequelle geschieht die Wärmeübertragung überwiegend durch Infrarotstrahlung.

3. AROMA UND TEXTUR UNTERSCHEIDEN

Geschmack besteht aus mehr als Geschmacksknospen und Nase uns verraten. Süß und salzig, fruchtig und nussig werden ergänzt durch Texturen. Weich, knusprig und saftig sind wichtige Begriffe für Gefühle im Mund – beim Schmecken und somit auch beim Kochen. Betrachte das Gefühl, das ein Bissen im Mund auslöst, als Ganzes. Erkunde einzelne Lebensmittel und Kombinationen. Erlebe den Unterschied zwischen einer frischen, ganzen Cocktailtomate und einem Tomatenpüree oder einer ganzen Erdnuss und Erdnussbutter. Das ist Fortbildung für deine Zunge. Wenn du diese Eindrücke im Hinterkopf behältst, kannst du sie gezielt einsetzen und durch die Kombination von Zutaten sicher dein Ziel erreichen.

4. ZUTATEN BEGREIFEN

Die Güte der Zutaten entscheidet über den Geschmack des fertigen Essens. Das Kochen beginnt also beim Einkauf und deswegen musst du deine Zutaten kennen. Ertaste alle Zutaten regelmäßig und noch wichtiger: Rieche daran. Immer und immer wieder. Über Jahre prägen sich die Aromen ein und du erlangst ein tiefes Verständnis für Lebensmittel. Rieche vor dem Schneiden daran, währenddessen und danach. Vor dem Kochen und nach dem Kochen. Und probiere immer wieder. Beobachte, wie sich die Textur bei der Verarbeitung verändert. Gemüseschneiden ist keine stupide Tätigkeit, wenn du währenddessen die Natur durch das Lebensmittel erlebst und deine Sinne schulst. Fasse das Salz an, nimm es zwischen Daumen und Zeigefinger, statt es aus dem Streuer zu schütten. So entwickelst du dein Gefühl für eine Prise.

5. KRÄUTER UND GEWÜRZE BEGREIFEN

Gutes Essen braucht keine Gewürze. Doch Gewürze können gutem Essen zusätzliche Tiefe oder viele neue Gesichter verleihen. Wenn du Gewürze gezielt einsetzen möchtest, musst du die verschiedenen Aromen verstehen. Paprika, Kurkuma, Koriander, Ingwer, Chili, Kreuzkümmel oder Thymian, Oregano, Basilikum, Petersilie und mehr: Ein so voll bestücktes Gewürzregal schüchtert viele Einsteiger ein. Einige Köche nutzen dann als Ausweg gar keine Gewürze oder alle zugleich – und sind hinterher frustriert von ihrer Mahlzeit.

Es hilft, wenn man die Gewürze stattdessen einzeln kennenlernt. Rieche jedes Mal vor der Benutzung am Gewürz und stell dir vor, wie es zusammen mit den anderen Zutaten schmecken könnte. Steht es im Gegensatz zu den vorhandenen Aromen? Setzt es einen Kontrast oder wird es den vorhandenen Geschmack verstärken oder in eine neue Richtung bewegen? Mit der Zeit verankern sich Geruch und Geschmack des Gewürzes im Gedächtnis und es wird zur natürlichen Erweiterung deines Repertoires. So kann man seine Gewürzsammlung stückweise zur vollen Bandbreite aufstocken und behält den Überblick über die Aromen.

Ein häufiger Fehler beim Umgang mit Gewürzen ist die Überdosierung. Nicht immer muss man das Gewürz hinterher direkt schmecken. Zudem entfalten und verteilen viele Gewürze ihre Aromen erst nach einiger Zeit und auch die Temperatur hat Einfluss auf das Geschmacksempfinden. Beim Kochen ist das Essen heißer, was allgemein das Geschmacksempfinden schwächt. Was bei hoher Hitze schmeckt, kann bei niedrigerer Temperatur auf dem Esstisch überwürzt sein. Lass es am besten vor dem letzten Abschmecken ein wenig ziehen und abkühlen.

Gewürze sind kein Ersatz für gute, schmackhafte Lebensmittel.

6. Ein guter Anfang: Suppengrün oder Mirepoix

Zu den meistgebrauchten Gemüsen gehören Zwiebeln, Karotten und Sellerie, Knoblauch und Paprika. In verschiedenen Kombinationen sind sie der Anfang unzähliger Gerichte. In Italien heißt es Soffritto, in Frankreich Mirepoix und im deutschen Sprachraum nennen wir es Suppengrün: Eine Dreieinigkeit aus aromatischen Gemüsen – in Deutschland meist Lauch, Sellerie und Karotte –, die durch ihre Wirksamkeit einen festen Platz in der Küchentradition einnimmt. Wir geben sie grob gewürfelt in kochendes Wasser und beginnen so eine Suppe oder wir hacken sie fein und braten sie in Öl an, um ihnen weitere Aromen zu verleihen. So werden sie zur Basis für Schmortöpfe und Soßen und liefern eine ausgewogene

Aromavielfalt mit reichhaltigem Geschmack. Keine Gemüsebrühe in Pulverform kann die Möglichkeiten frischen Suppengrüns ersetzen: Frisches Gemüse schmeckt anders; schon beim Schneiden entscheiden wir über die Feinheit und somit den Geschmack und auch beim Anbraten bieten sich mehr Möglichkeiten zur Einflussnahme.

Auch für Kochexperimente ist Suppengrün stets ein guter Anfang, zumal die Zusammenstellung variabel ist: In Spanien landen häufiger Zwiebeln, Tomaten, Knoblauch und Paprika in der dort Sofrito genannten Variante. Auch Kräuter wie Petersilie oder Thymian landen manchmal darin.

7. GESCHMACK IN EBENEN BETRACHTEN

Geschmack kann man in Ebenen oder Dimensionen betrachten. Süße wäre eine Dimension, Säure und Salzigkeit zwei weitere. Diese Eigenschaften bestehen gleichzeitig, denn ein Gericht kann zugleich sauer und süß schmecken. Schmeckt etwas nur süß, dann ist der Geschmack eindimensional – wie ein einfacher Strich auf dem Papier. Wer ein Haus baut, nutzt dafür drei Dimensionen: Höhe, Breite und Länge. In der Küche haben wir viel mehr Möglichkeiten. Wir schmecken die vielfältigen

Aromen von Kräutern, Gewürzen und Gemüse. Jeder Geschmack und jedes Aroma findet auf seiner eigenen Dimension oder Ebene statt und wir können diese Ebenen frei kombinieren und übereinander schichten, kreuzen und ergänzen. Beginnen wir zum Beispiel mit dem Mirepoix, erhalten wir bereits ein vielfältiges Geschmacksfundament aus mehreren Ebenen pflanzlicher Aromen. Eine Prise Salz, eine Messerspitze Chili oder ätherische Kräuter wie Minze erweitern das Geschmacksgebilde um zusätzliche Dimensionen und machen es komplexer. So kannst du durch stetiges Hinzufügen weiterer Aromen ein vielschichtiges Geschmacksdickicht erarbeiten. Das Ergebnis könnte ein kräftiger Eintopf sein, dessen einzelne Zutaten man nur schwer herausschmecken kann. Oder man beschränkt sich auf wenige Ebenen und erhält einen transparenten, aber dafür umso deutlicheren Geschmack, wie etwa bei einem einfach dampfgegarten Kopf Brokkoli.

8. Umami verwenden

Wenn dem Geschmack einer Speise einfach etwas fehlt und kein Gewürz helfen mag, dann mangelt es oft an Umami. Umami ist ein Grundgeschmack wie salzig, süß, bitter und sauer. Viele Menschen nennen ihn herzhaft und er kommt vor in verschiedensten Lebensmitteln wie Hartkäse, Tomaten, Pilzen, Fisch und Fleisch. Umami nennt man zugleich den Stoff, der diesen Geschmack auslöst. Er wirkt wie eine Art natürlicher Geschmacksverstärker. Entdeckt haben wir diesen wichtigen Geschmack erst vor rund 100 Jahren (mehr dazu im Anhang auf Seite 167). Umami ist in der Küche ähnlich vielseitig wie Salz – und oft die bessere Wahl. In Form dieser Zutaten kannst du es wie eine Art Gewürz nutzen: Parmesan, Chili-Flocken, Anchovies bzw. Sardellen, Tomaten, getrocknete Tomaten oder Tomatenmark, Fischsoße, Sojasoße, Pilze, Knoblauch, Zwiebeln.

9. Oberflächen freilegen

Schon beim Schneiden einer Zutat verändern wir ihren Geschmack. Je feiner wir schneiden, desto größer ist im Verhältnis die Oberfläche und desto mehr vom Lebensmittel wird zugänglich für die Geschmacksnerven – oder zum Anbraten. Stell dir vor, du brätst eine ganze Kartoffel in der Pfanne, oder du schneidest sie in Scheiben und brätst sie dann. Im letzteren Fall ist die gebratene Oberfläche größer und der Bratkartoffelgeschmack wird überwiegen. Solche Überlegungen kannst du bei jeder Zutat anstellen.

10. DIE MAILLARD-REAKTION NUTZEN

Der Geruch von frisch gebackenem Brot und Kaffee, Schokolade und Bier oder gegrilltem Fleisch und Gemüse stammt aus der gleichen chemischen Reaktion. Sie vereint viele gegrillte, gebratene und gebackene Lebensmittel. Es ist die Maillard-Reaktion: Quelle von Röstaromen und brauner Farbe trocken gegarter Lebensmittel.

Die Maillard-Reaktion kann vielfältige Aromen erzeugen: Zitrus, Schwarze Johannisbeere, Walnuss, Schokolade, Birne, Nelke, Minze oder Torf. Betont wahrnehmbar ist die Maillard-Reaktion bei Temperaturen oberhalb 110 °C auf Lebensmitteln mit trockener Oberfläche. Etwa beim Backen im Ofen oder Braten in der Pfanne oder im offenen Topf. Solange Wasser vorhanden ist, bleibt die Temperatur des Lebensmittels unter 100 °C; erst nach dem Verdunsten findet die Maillard-Reaktion dann sichtbar statt. Deswegen fordern viele Rezepte für Schmortöpfe das Anbraten des Fleischs vor Zugabe von Wasser: So können zunächst Röstaromen entstehen, bevor es sanfter mit dem Schmoren weitergeht.

Der übliche Temperaturbereich für die gezielte Maillard-Reaktion liegt zwischen 110 bis 150 °C. Im Haushalt sind die bedeutenden Einflussgrößen der Maillard-Reaktion wie Temperatur und pH-Wert in der Regel nicht einfach zu kontrollieren. Dennoch kann man sie gezielt nutzen. Zum Beispiel beim scharfen Anbraten mit hoher Hitze. Dabei bildet sich am Topf- oder Pfannenboden langsam beim Anhängen eine braune Schicht. Sie enthält die gewünschten Aromen und wer sie löst (durch Ablöschen oder Kratzen), bevor sie schwarz wird, kann sich daran erfreuen. Auch beim Backen im Ofen mit trockener Luft setzt bald die Maillard-Reaktion ein und beschenkt uns mit Röstaromen.

Mehr Details über die Maillard-Reaktion findest du im Anhang auf Seite 184.

11. Temperatur als Teil des Geschmacks begreifen

Eine Tasse guten Kaffees schmeckt beim Abkühlen zu jedem Zeitpunkt anders und kann ihren Geschmack von bitter über süß, erdig und fruchtig verändern. Temperatur ist Teil des Geschmacks. Fülle kaltes Wasser in einen Topf und erhitze es auf dem Herd. Probiere das Wasser während des Erwärmens immer wieder. Obwohl es immer das gleiche Wasser ist, scheint es seinen Geschmack zu verändern. Das schulden wir unserer Wahrnehmung. Insbesondere heiße und kalte Speisen haben eine leicht betäubende

Wirkung auf die Geschmacksnerven. Auch deswegen benötigt man für Eiscreme mehr Zucker als für die gleiche Mischung von Zutaten bei Zimmertemperatur, um die gleiche Süße zu erreichen.

Ein frisch gekochtes Essen schmeckt vom Herd probiert anders, als später auf dem Teller. Denn auf dem Weg dorthin kühlt es ab. Das sollte man beim Abschmecken heißer Zubereitungen beachten: Was auf dem Herd scheinbar mehr Salz benötigt, könnte auf dem Esstisch bereits versalzen schmecken.

Auch andere Aromen schmecken wir je nach Temperatur mehr oder weniger deutlich.

TEXTUREN

12. TEXTUREN DURCH ZUTATEN VARIIEREN

Teil des Geschmacks ist auch das mechanische Gefühl auf der Zunge. Eine Zutat kann knusprig sein oder knackig, weich, flüssig oder fest. Stell dir den Unterschied vor zwischen einer reifen, knackigen Kirschtomate, einer gekochten Kartoffel und einer Haselnuss. Durch Kombination verschiedener Texturen kannst du den Geschmack gezielt variieren. Du kannst Zutaten ähnlicher Textur, jedoch unterschiedlicher Aromen vereinen, wie bei einer Nussmischung. Oder man könnte verschiedene Texturen miteinander kombinieren, damit sie sich gegenseitig ergänzen: Zum Beispiel Blattsalat mit Weichkäse und Croutons

13. TEXTUREN DURCH ZUSCHNITT VARIIEREN

Wenn wir ein Lebensmittel schneiden, beeinflussen wir nicht nur sein Aroma (siehe Werkzeug #9), sondern auch seine Textur. Eine Möhre in dicke Scheiben geschnitten gart weniger gleichmäßig als die gleiche Möhre fein gewürfelt: Die dicken Scheiben haben, wenn man sie zehn Minuten schmort, innen noch etwas Biss, sind allerdings außen erheblich weicher. Die kleinen Würfel hingegen zergehen überwiegend auf der Zunge. Man kann die Größe verschiedener Zutaten so abstimmen, dass alle beim gemeinsamen Garen die gleiche Textur erreichen. Oder man arbeitet gezielt auf unterschiedlich feste Bestandteile hin.

14. TEXTUREN DURCH GAREN VARIIEREN

Wer noch keinen Blumenkohl verkocht hat, ist kein echter Koch. Beim Garen gibt es die nächste Möglichkeit zum

Verändern der Textur. Ob man das Gemüse 15 Minuten oder zwei Stunden gart, hat große Wirkung.

KOMBINATION

15. KOCHEN ALS ALCHEMIE VERSTEHEN

Eine Mahlzeit ist mehr als die Summe ihrer Teile. Wer Sellerie roh und pur nicht mag, könnte ihn als Teil eines Gemüseschmortopfs lieben. Ebenso empfinden viele Menschen den Geschmack ungesüßten Kakaopulvers als unangenehm, trinken ihn jedoch gerne zubereitet mit etwas Zucker und Milch. Wenn du eine einzelne Zutat nicht magst, solltest du sie kombiniert mit anderen Lebensmitteln probieren. Selbst ohne Kombination liegen zwischen rohem und gegartem Zustand eines Lebensmittels oft Welten.

16. VERSCHIEDENE MERKMALE KOMBINIEREN

Beliebte Rezepte funktionieren oft durch die Kombination grundverschiedener Merkmale, etwa süß + sauer + cremig. Ein Salat aus Rucola, Pekannüssen und Blauschimmelkäse stellt die Kombination scharf + knusprig + würzig dar. Süß, cremig und salzig kombiniert das traditionelle Gericht

Himmel und Erde als Apfelmus, Kartoffelbrei und Blut-
wurst. Der britische Koch Hugh Fearnley-Whittingstall
beschreibt dieses Muster als *Three good things* (dt. drei gute
Dinge) und nennt als Beispiele Haferflocken mit kalter
Milch und Bananenscheiben oder knuspriges Brot mit
weichem Käse und salzigem Speck. Aller guten Dinge sind
drei – und manchmal auch mehr.

17. Eine Gewohnheit bilden

Die Arbeit in der Küche, zum Beispiel eine gute Messerhaltung, eine genaue Schneidetechnik oder das Einschätzen
des Garzustandes, kann uns wie jede andere Bewegung in
Fleisch und Blut übergehen (eine schlechte Messerhaltung
kann hingegen dazu führen, dass uns stattdessen die Klinge
in Fleisch und Blut übergeht). Üben wir häufig genug,
müssen wir über einzelne Schritte der Zubereitung nicht
mehr nachdenken. Viele dieser Tätigkeiten führen wir
schon nach wenigen Tagen automatisch durch. Besonders
leicht fällt es, wenn das Kochen kein besonderes Ereignis
mehr ist und stattdessen zur Gewohnheit wird. Indem wir
das Kochen zum Normalzustand machen und das Bekocht
werden, das Ausgehen oder das Bestellen von Essen zum
Sonderfall erklären, stellen wir die Weichen für einen

dauerhaften Lernprozess. Kochen ist eine gute Angewohnheit, die tendenziell zum gesündesten und mit ein wenig Sorgfalt zu immer besserem Essen führt. Spannend bleibt es, wenn man sich wöchentlich ein neues Rezept oder eine neue Technik zum Lernen vornimmt.

18. Sich herausfordern

Wir wachsen mit unseren Herausforderungen. Komplizierte Techniken und Methoden erlernt man nur durch Üben und es gibt wenig Schöneres als das Erlangen einer neuen Fähigkeit. Fordere dich selbst heraus. Du könntest jede Woche ein neues Kraut oder Gewürz ausführlich kennenlernen. Oder arbeite zwei Wochen lang an der Perfektionierung deines Omelettes. Auch Techniken eignen sich für solche Zielsetzungen: Ich habe wochenlang gezielt das Schneiden verschiedener Gemüse in möglichst gleichmäßige, feine Würfel geübt.

Vielleicht möchtest du jedoch viel weiter vorne anfangen. Du könntest dir das Ziel setzen, überhaupt wenigstens eine Mahlzeit pro Woche selbst zu kochen. Nach einer Woche könntest du zwei Tage pro Woche anpeilen, bis du irgendwann jeden Tag kochst.

Herausforderungen geben uns Ziele und die motivieren uns zum Durchhalten.

So geht's:

- Arbeite stets mit Leichtigkeit. Mit verspannter Zunge kann man nicht gut schmecken.
- Setze deine Werkzeugkiste nach und nach zusammen.
- Fang mit einem Werkzeug an und studiere es täglich für eine Woche. Nimm dir in der Folgewoche das nächste Werkzeug vor.
- Beginne mit Werkzeug #17 aus der obenstehenden Liste (Seite 35). Nummer siebzehn ist nämlich Trick 17. Der funktioniert immer.
- Es ist unwichtig, in welcher Reihenfolge du die Werkzeuge erlernst. Manch einer wünscht sich jedoch einen genauen Plan. Den findest du im Anhang auf Seite 163.

Geräte sind Nebensache

Nicht Geräte und Dinge kochen, sondern Köche. Wesentlich sind beim Kochen nicht besondere oder teure Utensilien wie Töpfe und Messer. Sondern die Gedanken und die Hände des Kochs. Das ist die beste Investition: Nichts kann Erfahrung und Sachkunde ersetzen und niemand kann sie uns nehmen. Sie kostet kein Geld, wir gewinnen sie durch Übung.

Auch Nebensachen verdienen jedoch Sorgfalt. Gutes Werkzeug erleichtert die Arbeit und verhindert Frust. Wenn man mit dem Kochen beginnt (und später auch), sind stumpfe Messer und klapperige Töpfe mit schlechter Wärmeverteilung das letzte, was man gebrauchen kann.

Küchenwerkzeug muss kein Vermögen kosten, jedoch sollte man auch nicht am falschen Ende sparen. Gute Werkzeuge halten meist ein Leben lang: Ein guter Kochtopf für 60 Euro kostet über 30 Jahre gerechnet nur zwei Euro pro Jahr. Zudem erledigen wir den größten Teil der Küchenarbeit mit nur einer Handvoll Werkzeuge. Zu den wichtigsten gehört ohne Zweifel ein gutes Kochmesser. Meine eigene, kurze Liste unerlässlicher Kochwerkzeuge liest sich geordnet nach Wichtigkeit:

- Ein Kochmesser: Egal ob chinesisch, japanisch oder deutsch: Mit dem Kochmesser erledigt man rund 90 Prozent der Küchenarbeit. Ein scharfes Messer erfordert weniger Kraft und nimmt einem so nicht nur Arbeit ab, sondern verringert auch das Verletzungsrisiko. Schneidet man sich doch mal, ist der Schnitt so sauber, dass er schneller wieder verheilt. Ein gutes Messer für 60 bis 80

Euro erfüllt diese Aufgabe ohne Makel ein Leben lang. Teurere Messer können auch nur schneiden.

- Ein großes Holzschneidebrett: Holz schont die Messer, sieht hübsch aus und ist hygienisch, da die natürlichen Tannine im Holz das Wachstum von Bakterien verhindern können.[10]

- Ein Satz aus vier soliden Kochtöpfen: Ein Topf ist kein High-Tech-Gerät, trotzdem gibt es hier große Unterschiede. Besorg dir Töpfe mit massivem Boden und guter Wärmeleitfähigkeit und -verteilung. Achte auf solide, handliche Griffen am besten ohne Plastikteile. Auch der Deckel sollte durchdacht sein, möglicherweise aus Glas, damit du ihn zum Reinschauen nicht anheben musst. So ein Satz Töpfe kann 150 bis 200 Euro kosten. Das lohnt sich. Wählt man gute Töpfe, erfreut man sich ein Leben lang daran. Ein Blecheimer als Kochtopf vergrault einem das Kochen hingegen jeden Tag.

- Eine solide Eisenpfanne: Gusseiesen, Schmiedeeisen, emailliertes Eisen, Keramik-Antihaftbeschichtung und Edelstahl – alle haben ihre Vor- und Nachteile. Nach jahrelangen Tests ist nur die Eisenpfanne bei mir geblieben. Sie ist nicht zu schwer, verträgt hohe Hitze, ist leicht zu reinigen und wenn man sie ordentlich

eingebrannt hat, bietet sie eine einwandfreie Antihaft-
wirkung sogar für zarte Eierspeisen. Wer auf eine echte
Antihaftpfanne nicht verzichten möchte, dem empfehle
ich ein Modell mit Keramikbeschichtung. (Mehr Infor-
mationen zu Pfannen unter http://urgck.de/pfanne)

- Ein hölzerner Kochlöffel (vorne abgeflacht): Für das
  Material gilt das gleiche wie beim Schneidebrett. Ich
  meide Plastik; Holz ist hart und robust genug für diese
  Aufgabe. Die Abflachung vorne ermöglicht zusätzlich
  die Nutzung als Schaber und Bratenwender.

- Ein Dutzend starker Geschirrtücher aus Halbleinen:
  Geschirrtücher benutzt man beim Kochen ständig:
  Hände trocknen, Pfützen aufwischen, gefaltet als
  Topflappenersatz, zum Festhalten einer Fischhaut, als
  Ersatz-Salatschleuder, zum Abdecken oder Durchseihen.
  Daher lohnt die Investition in gute Geschirrtücher.
  Halbleinen nimmt viel Wasser auf und fühlt sich gut
  an. Ich bevorzuge schlichte, einfach weiße Tücher, daran
  sieht man sich nicht satt.

- Ein Parier- oder Spickmesser: Damit zerlege ich Fisch
  und pariere Fleisch, entkerne Äpfel und erledige alle
  anderen Aufgaben, für die ein Kochmesser zu groß ist.
  Viele sind das nicht.

Die dann folgenden Geräte benutze ich bereits höchstens ein Zehntel so häufig wie die ersten fünf Teile der Liste: Ein Satz metallener Arbeitsschüsseln, gläserne Aufbewahrungsschüsseln mit Deckel, Digitalthermometer und -waage, Schneebesen, Abtropfsieb, Dampfgareinsatz (Vaporette), Brotmesser etc. Möglichst alle Teile wie das Abtropfsieb schaffe ich aus Metall an. Das Material ist langlebig und man kann es ohne Mühe reinigen.

Einige Grundzutaten helfen in der Küche so vielseitig, dass ich sie ebenfalls als Werkzeuge betrachte. Auch diese Liste ordne ich nach der von mir empfundenen Wichtigkeit (beruhend auf der Häufigkeit, mit der ich sie einsetze):

- Salz: Am besten ohne Zusatzstoffe und Rieselhilfen. Steinsalz oder Meersalz genügt. Es muss nicht aus dem Himalaya kommen, auch aus Deutschland gibt es Steinsalz. Praktisch jedes Steinsalz war einst ein Meersalz.

- Olivenöl: Es ist nicht so hitzeempfindlich, wie häufig vermutet (siehe auch *Darf man Olivenöl erhitzen?*, Seite 204); im Küchenalltag kann man es daher vielfältig einsetzen. Olivenöle schmecken verschieden: Allgemein fließen die griechischen Öle eher mild und kaum kratzend den Hals hinunter. Daraus stelle ich gelegentlich auch Mayonnaise her; manchmal kommt es auch in den Kuchen.

- Zwiebeln: Langsam geschmorte Zwiebeln sind für den Koch wie ein Hammer für den Zimmermann.
- Knoblauch: Ähnlich wie Zwiebeln ein vielseitiges Gewürz, jedoch feiner und empfindlicher.
- Möhren und Sellerie: Sie sind klassische Bestandteile des Suppengrün, des Mirepoix, des Soffritto. Das aromatische Gemüse landet in unzähligen Soßen, Suppen und Beilagen.
- Pfeffer: Einfacher, guter schwarzer Pfeffer, ausschließlich frisch gemahlen. Er ist vielseitig, jedoch zu unrecht Partner des Duos Salz und Pfeffer. Nicht jedes Essen braucht Pfeffer.
- Je eine Flasche Rot- und Weißwein: Nicht nur zum Ablöschen, sondern oft anstelle von Wasser oder Wasseranteilen in Soßen oder Suppen und natürlich beim Schmoren (siehe auch Seite 60: *Mit Wasser kochen*). Keine edlen Tropfen, aber keinesfalls die billigste Plörre.
- Balsamicoessig: Ein guter Balsamicoessig ist mittlerweile mein einziger Essig in der Küche. Der Weißweinessig versauert im Regal. Was ist ein guter Balsamicoessig? Es muss nicht der 15 Jahre gealterte aus Modena sein (aber

der ist großartig); doch es lohnt, sich für ein paar Cent mehr einen leicht gealterten (drei Jahre) zu gönnen. Keine Balsamico-Creme, sondern Essig.

- Butter: Ohne Butter endet die Welt.

- Parmesan: Weniger ein Käse als vielmehr ein Gewürz. Er ist reich an Umami (siehe Seite 167) und vervollständigt Salate, Risotto, Polenta, Soßen, Gemüse... Viele Köche setzen stattdessen den billigeren Grana Padano ein. Der ist für mich geschmacklich keine Alternative zum echten Parmigiano Reggiano.

- Tomatenmark, doppelt konzentriert: Auch Tomaten sind reich an Umami und ihr Aroma ergänzt das Suppengrün/Mirepoix, viele Schmortöpfe und Soßen.

- Chiliflocken: Ähnlich wie Tomatenmark, behutsam eingesetzt kann man den Geschmack nutzen, ohne dass die Schärfe überwältigt.

- Mehl (möglichst frisch): Als Bindemittel für Soßen und Suppen. Wer nie backt, kann statt Weizenmehl einfach Kartoffelmehl verwenden.

Hinzu kommen Reis, Hafer (Sorte: Nackthafer) und Maisgrieß als gut lagerfähige Beilagen und Dreingaben.

Diese Werkzeuge und Zutaten habe ich als Liste im Internet zusammengestellt. Sofern sie noch verfügbar sind, liste ich genau die von mir benutzten Artikel, mit denen ich über viele Jahre gute Erfahrungen gemacht habe: urgck.de/werkzeug.

Abschliessende Gedanken

Mit Wasser kochen

Es stimmt nicht, dass die großen Köche »auch nur mit Wasser kochen.« Sie verwenden auch Wein oder Milch oder Brühe oder Saft. Sie benutzen genau die Flüssigkeit, die angemessen ist für das beste Ergebnis. Und wenn sie sich für Wasser entscheiden, dann nehmen sie vielleicht ein besonderes leckeres Quellwasser, gewiss jedoch kein brackiges.

Häufig ist Wasser nicht die beste Flüssigkeit zum Kochen. Von Natur aus schmeckt es nach recht wenig und dadurch verdünnt es jeden anderen Geschmack. Schmort man eine Beinscheibe, eignet sich meist ein Rotwein als Flüssigkeit erheblich besser. Wann immer ich einer Speise Flüssigkeit zugeben muss, prüfe ich zuerst, ob nicht Wein, Brühe oder vielleicht Milch das Ergebnis stärker bereichern als Wasser.

Und manchmal schmeckt das Essen besser, wenn man den Geschmack mit ein wenig Wasser verdünnt.

Isst das Auge wirklich mit?

Die Fotos in diesem Buch stammen aus dem Küchenalltag. Sie sollen dir keinen Hunger bereiten, sondern dich zum Kochen bewegen. Das Essen auf den Tellern ist nicht für Fotos angerichtet, sondern zum Verzehr. Natürlich soll es appetitlich aussehen, denn auch das trägt zum guten Geschmack bei. Doch die aufwendig gestalteten Hochglanzfotos der meisten modernen Kochbücher wecken unrealistische Erwartungen: Oft sind dort nur Viertelportionen angerichtet und die Mahlzeit ist nur noch lauwarm, weil der Koch (oder Foodstylist) fünf Minuten daran herumgefummelt hat. Anschließend bearbeitet der Fotograf das Bild am Computer, verändert die Farben und macht daraus eine Fantasie. Was man dort sieht, entspricht nicht dem alltäglichen Essen.

Doch wir müssen alltäglich essen und dabei soll dieses Kochbuch helfen. Es soll dich nicht entmutigen und dir stattdessen zeigen: Gutes Essen kann auch mal auf dem Teller verunglücken, es passt nicht immer in ein perfektes Farbschema und nur die wenigsten Anfänger können beim

Anrichten mit der jahrelangen Erfahrung eines alten Kochhasen mithalten.

Die mit viel Aufwand gestalteten Fotos der edlen Kochbücher gefährden außerdem ein gesundes Essverhalten: Sie machen Appetit und Hunger, verleiten zum Essen und zum Überfressen.[11] Deswegen nennt man solche Fotos auch Food Porn – Pornografie des Essens. Die Bilder sollen Lust machen. Lust aufs Essen.

Dennoch ist es beim Anrichten deines Gaumenschmauses sinnvoll, wenn die Speise auch dem Auge schmeichelt. Warum? Weil in unserer Wahrnehmung die Mahlzeit stärker befriedigt, wenn sie gut aussieht. Das dient letztlich unserer Ernährung.[12] Der einfachste Trick dabei ist: Den Teller nicht überladen. Dann kann das Essgeschirr einen Rahmen für das Essen bilden. Ein großer Haufen Essen vernichtet jede optische Struktur auf dem Teller. Auch farblich kann man mit einfachen Mitteln die Wirkung des Essens verbessern. Etwas Schnittlauch oder einige Zitronenzesten bieten häufig nicht nur dem Auge eine schöne Abwechslung, sondern bereichern auch das Aroma. Beschäftige dich ein wenig mit dem Farbkreis und dem Thema Komplementärfarben.

Meist genügt es, wenn du dir vorher oder beim Anrichten ein paar Gedanken über das Aussehen machst. Viel zu häufig schaufelt man nach dem Kochen aus lauter Vorfreude oder Hunger das Essen einfach auf den Teller. Dieses Bewusstsein genügt meist als erster Schritt auf dem Weg zum Festmahl auch für die Augen.

Bohnenpüree (Seite 125) mit gebackenem Gemüse (Seite 123).

Belugalinsotto (Seite 126) als Beilage zu …

… gebratener Leber (Seite 142) mit geschmorten Möhren (Seite 82) und Currysoße (Seite 128).

Möhrensuppe (siehe Brokkolisuppe Seite 110) mit Bohnenball (siehe Bohnenpüree Seite 125).

Soßengraben (ähnlich Curry, Seite 128) zwischen geschmortem Gemüse und Hackfleisch (Seite 139).

Kochen auf der Reise: Als ich in Kapstadt wohnte, gab es manchmal Gelbflossen-Thunfisch von der Angel. Mit gebackenem Gemüse (Seite 123).

Geschmortes Gemüse: Zucchini, Paprika, Zwiebeln, Tomaten. Dafür benötigt man kein Rezept. Versuch es mal.

Gebackenes Gemüse frisch aus dem Ofen: Rote, Rosa und Gelbe Bete (Seite 123).

Ratatouille à la Felix (Seite 99) mit Bohnenpüree (Seite 125).

Einfach zusammenwerfen: Einen Salat aus Avocado, Frühlingszwiebeln, Tomaten und kaltem Hackfleisch.

Die Kürbishälfte habe ich entkernt und gebacken, das Gemüse geschmort wie die Möhren (Seite 82) und das Rinderherz drum herum schlicht angebraten.

Kartoffelpüree aus Rote-Emmalie-Kartoffeln sieht auf dem Teller wild aus. Dennoch schmeckts zur Leber (Seite 142).

Rinderzunge (Seite 136) mit geschmorten Möhren (Seite 82) und Currysoße (Seite 128).

Farbenfroh: Bratkartoffeln der Sorten Valery, Rote Emmalie und Blaue St. Galler.

Aber auch einfarbig kann es köstlich sein: Cremige Brokkoli-suppe (Seite 110).

- Ein guter Koch kauft nur die besten Zutaten, die er bekommen kann. Jede Zutat, sei sie manchmal auch nicht die beste ihrer Art, verwandelt er in eine Gaumenfreude. Dabei orientiert er sich an den natürlichen Eigenschaften der Erzeugnisse.

- Ein guter Koch investiert mehr in seinen Erfahrungsschatz als in die Suche nach dem perfekten Messer: Er kocht, statt ständig neues Werkzeug zu kaufen.

- Ein guter Koch macht leckeres Essen.

WAS IST GESUND? WIE KANN ICH ABNEHMEN?

Die einfache Antwort: Der erste und wichtigste Schritt zu gesunder Ernährung ist das Kochen selbst. Das können wir weltweit beobachten: Je mehr wir selbst kochen, desto weniger neigen wir zu Übergewicht.[13] Natürlich ist für die Gesundheit nicht ganz egal, was wir kochen und essen. Wer jedoch sein Essen vollständig selbst zubereitet, hat ein stärkeres Verhältnis zu seiner Nahrung, kann sie besser einschätzen und weiß auch um den Aufwand: Pommes Frites landen seltener auf dem Teller, wenn man dafür erst Kartoffeln schälen, schneiden und frittieren muss, mit dem heißen Fett hantieren, es entsorgen und alles reinigen muss.

Das Kochen schafft eine Auseinandersetzung mit Lebensmitteln und bildet die Grundlage für ein gesundes Verhältnis zum Essen.

Wenig Zucker: Das ist ratsam und stets hilfreich. Möchte man abnehmen, hilft oft der Verzicht auf Kohlenhydrate: Getreideprodukte, Nudeln, Reis, Kartoffeln landen dann besser nur selten oder in geringen Mengen auf dem Teller. Ausreichend Protein (z. B. Fleisch, Fisch, Eier), viel Gemüse und viel Bewegung: Das fördert die Gesundheit. Zahlreiche frei zugängliche Hilfen zum Abnehmen findest du bei Urgeschmack unter urgck.de/abnehmen. Belassen wir es dabei. Denn hier geht es erst einmal nur darum: Einfach kochen.

Übung macht gesund

Als Werkzeug #17 und #18 beschreibe ich weiter vorne im Buch Gewohnheit und Herausforderung. Sie ergänzen sich und nutzen dir dadurch nicht doppelt, sondern vielfach. Die Herausforderung motiviert dich zum regelmäßigen Kochen. Dadurch ernährst du dich gesünder – und übst stetig das Kochen, wodurch du die Herausforderung meisterst. Dann schmeckt das Essen besser und das ist eine zusätzliche Motivation, mehr selbst zu kochen, was zu noch gesünderer Ernährung führt. Und so fort.

Und weil man ein Handwerk wie das Kochen nicht durch das Lesen von Büchern lernt, gebe ich dir ein paar Anstöße: Koche – übe – jeden Tag. Lerne jede Woche eine neue Technik oder ein neues Rezept. Das erste Rezept in diesem Buch zum Beispiel, Möhren in Senfsoße: Egal wie ausführlich ich es beschreibe, vermutlich wird es dir beim ersten Mal nicht perfekt gelingen. Es kann nicht besser werden, wenn du es nicht noch einmal versuchst oder es für einen Monat beiseite legst. Auch ein erfahrener Konzertpianist kann ein neues Stück beim ersten Mal nicht perfekt vom Blatt spielen. Deswegen übt er täglich. Wenn ich ein neues Rezept entwickelt habe, koche ich es häufig ein bis zwei Wochen lang jeden Tag. Täglich das gleiche essen, das langweilt mich hierbei nicht: Es ist spannend zu beobachten, wie jedes Detail das Essen beeinflusst und worauf ich am nächsten Tag achten muss. Solange ich jeden Tag aufmerksam übe, wird das Essen immer besser.

Meine Herausforderung geht an Anfänger und erfahrene Küchenhasen zugleich: Wenn du in diesem Buch eine neue Methode oder ein neues Rezept entdeckst, übe es regelmäßig, bis du es gemeistert hast. Erfreue dich am Lernprozess.

Bildest du eine Gewohnheit des Kochens, wirst du dadurch ein besserer Koch und du ernährst dich gesünder. Das ist ein großer Gewinn für dein ganzes Leben.

- Kochen macht Spaß. Sonst schmeckt es nicht.
- Koche nicht nur mit Wasser. Koche auch mit Wein und Brühe.
- Selbst kochen ist der wichtigste Schritt zu gesunder Ernährung. Verzicht auf Zucker und Stärke (Kohlenhydrate) hilft beim Abnehmen.
- Temperaturen, Zeiten, Größen: Jedes Detail zählt. Sei aufmerksam und verlasse dich auf deine Sinne (siehe Seite 27 und Seite 34).
- Gut gekauft ist halb gekocht. Gutes Essen braucht gute Zutaten.

WIDERSTAND

Du wirst auf Widerstand stoßen. Du wirst keine Lust haben. Du wirst lieber auf dein Smartphone starren und unbedingt noch diese wichtige Nachricht schreiben wollen. Du wirst glauben, du hättest keine Zeit. Du wirst es auf deine Familie oder Freunde, deine Arbeit oder Hobbys schieben.

Doch der Widerstand steckt in dir selbst. Er ist Teil deiner Menschlichkeit. Wann immer wir uns etwas Höheres vornehmen, etwas, das uns auf lange Sicht nutzt, jedoch kurzfristig Anstrengung bedeutet, regt sich der Widerstand in uns. Es ist leichter, die einfachen Dinge zu tun: Noch eine Kurznachricht schreiben, noch ein Katzenvideo anschauen, nochmal den Fernseher einschalten und die lebenswichtigen Nachrichten schauen.

Komponieren, malen, schreiben, erschaffen, trainieren, sich weiterbilden, einen Konflikt lösen: Das sind Anstrengungen mit verzögerter Belohnung. Instinktiv weichen wir dem aus, suchen die tief hängenden Früchte. Doch die leckersten Heidelbeeren hängen an den Büschen umschlungen von den Stacheln der Brombeeren, ganz oben an den höchsten Ästen.

»Morgen fange ich an«, wirst du sagen. Du wirst dich belügen, wirst dir einreden, es sei wahnsinnig aufwändig und schwierig; du wirst mit dir selbst argumentieren, gute Ernährung sei gar nicht so wichtig und du hättest es besonders schwer; das Leben ist ungerecht.

All das ist Widerstand. Du wirst anderen die Schuld geben: Menschen, Umständen, dem Leben selbst. Doch der Widerstand kommt von innen.

Und weil er von innen kommt, kannst du dich anstrengen und ihn allein besiegen.

SO GEHTS:

- Fang sofort an.
- Der Schweinehund wird kommen und dich an der Leine in seine Höhle ziehen. Dort ist es schmutzig und muffig, kalt und feucht und man bekommt dort Pickel und Fußpilz. Widerstehe ihm. Reiß an der Leine bis die Sau umkippt.
- Du kannst das und du hast die Zeit dafür. Wenn du nicht anfängst, bist allein du Schuld. Stell dir vor wie schön es wäre, immer etwas Leckeres zu essen zu haben, das dich befriedigt und gesund hält. Verdeutliche dir das. Und dann fang endlich an.

Komm, wir kochen was

Bestimmt kannst du schon kochen – vielleicht weißt du es nur noch nicht. Kochen ist wirklich einfach. Man kann es leicht lernen und dann ein Leben lang verbessern. Aber schon das erste selbstgekochte Mahl kann schmecken.

Die Rezepte in diesem Buch sind einfach gehalten. Denn komplizierte Rezepte gibt es schon genug. Das Buch heißt schließlich *Einfach kochen.* Wenn Kochen einfach ist, dann ist die Hürde nicht so groß und man kocht häufiger. Je mehr du selbst kochst, desto besser wird dein Essen und desto gesünder ernährst du dich.

Im Verlauf der Jahreszeiten wachsen je nach Saison unterschiedliche Gemüse. In diesem Buch findest du Rezepte für jede Jahreszeit: Zum Beispiel Tomaten und Paprika im Sommer, Wurzelgemüse im Winter oder Salate im Frühling. Und denk daran: Klammere dich nicht an genaue Mengenangaben. Die Methoden sind viel wichtiger.

Einfach kochen. Der Buchtitel gilt mehrfach. Kochen ist einfach. Es ist ein Rat: Koch doch einfach mal. Und: auch einfache Gerichte können köstlich sein. Die Rezepte in diesem Buch kannst du frei miteinander kombinieren und zum Beispiel die Senfsoße mit verschiedenen Gemü-

serezepten ausprobieren. Ich glaube nicht an Komplettlö-
sungen, deswegen führe ich die folgenden Rezepte wie
Bausteine aus: Für eine Mahlzeit wirst du vielleicht drei
Rezepte verwenden, die du frei wählen und kombinieren
kannst: Zum Beispiel pochierte Eier mit gebackenem
Gemüse und Bohnenpüree. Manchmal aber vielleicht auch
einfach nur dampfgegarter Brokkoli mit Butter.

Nutze den Raum auf den Rezeptseiten für deine Notizen: Beobachtungen, deine Änderungen und dein Urteil
über das Ergebnis. Jedes gute Kochbuch lebt, steckt voller
Spickzettel und Notizen und entwickelt sich ständig weiter.

DIES IST KEIN KOCHLEHRBUCH

Davon gibt es nämlich schon genug und ich bin ein
ungeduldiger Mensch und deswegen nicht der beste, um
jedem das Kochen beizubringen. Eines aber versuche ich:
dir bei neuen Methoden nicht einfach nur Anweisungen
geben, sondern erklären, was da passiert. Nur dann kannst
du die Vorgänge begreifen. Dieses Verständnis ist das
Fundament deiner Selbständigkeit als Koch. Bald darauf
wirst du keine Anleitungen mehr benötigen.

Die ersten paar Rezepte beschreibe ich etwas ausführ-
licher. Ich bin sicher: Danach kommst du bereits gut

zurecht. Es ist schließlich keine Raketenwissenschaft. (Allerdings ist es Hexenwerk: Kochen ist Magie. Zumindest ein wenig.)

Womit beginnen wir? Mit der Möhre. Die gibt es fast das ganze Jahr aus heimischem Anbau und sie ist ein nachsichtiges Gemüse, das in der Küche viel über sich ergehen lässt. So wie ein alter Bernhardiner, der es mit fünf tollenden Kleinkindern aufnehmen muss.

Du kannst dich natürlich auch an einem Omelette versuchen (Seite 132). Auch das ist einfach und lässt viel Spielraum für weniger erfahrene Köche. Die folgenden Rezepte ergeben meist zwei Portionen.

EINE SCHÖNE NEBENSACHE

»Du musst keine ausgefallenen oder komplizierten
Meisterwerke kochen – einfach nur gutes Essen
aus frischen Zutaten.«

– JULIA CHILD

Das Aussehen ist erst einmal Nebensache. Es muss schmecken, sonst isst man das schönste Mahl nicht. Dennoch: Wer seine Technik übt und zum Beispiel gleichmäßig schneidet, arbeitet dadurch zugleich an Geschmack und

Aussehen seines Essens. Denn wenn die Stücke gleich groß sind, garen sie auch gleichmäßiger und das kann man schmecken. Ein Meister beachtet jedes Detail. Da (und nur da) ähnelt das Kochen dem Schachspiel: Auch der größte Meister muss erst die Grundzüge lernen, bevor er den schlechten Geschmack für immer schachmatt setzen kann. Also: Los geht's!

GESCHMORTE MÖHREN

500 g Möhren

6 EL Olivenöl

Etwas Weißwein oder Zitronensaft

Gewürze: Salz, Pfeffer

Optional: Balsamicoessig

Bürste die Möhren unter fließendem Wasser ab und schneide das obere (grüne) Ende ab. Schälen musst du sie für dieses Rezept nicht. Die Haut kann man essen, sie ist nahrhaft. Schneide die Möhren in etwa 3 – 4 mm dünne Scheiben.

Gib das Olivenöl in einen großen Topf und bringe ihn auf mittlere Hitze. Gib dann die Möhrenscheiben und eine gute Prise Salz und etwas frisch gemahlenen schwarzen Pfeffer hinzu. Rühre um und kratze immer wieder die eventuell angehangenen Stücke vom Boden. Sonst brennen sie an.

Wenn einige Möhrenscheiben etwas braune Farbe angenommen haben – das geschieht nach nach etwa drei bis vier Minuten –, lösche mit drei Esslöffel Zitronensaft oder Weißwein ab und kratze noch einmal den Topfboden ab. Gib so viel Wasser hinzu, dass es im Topf ungefähr 3 mm hoch steht und warte eine Minute. Setze dann einen passenden Deckel auf den Topf und reduziere die Hitze bis es gerade noch dampft.

Die Scheiben schmoren nun. Nimm alle paar Minuten den Deckel ab und prüfe, ob sich noch Flüssigkeit am Boden befindet. Vorsicht: Je weniger Flüssigkeit übrig ist, desto schneller verdampft sie. Gegen Ende musst du also besonders aufpassen. Fülle gegebenenfalls ein wenig Flüssigkeit esslöffelweise nach, rühre um und schließe den Topf wieder.

Nach insgesamt ungefähr 18 Minuten sollten die Möhren gar sein. Probiere einfach eine Scheibe. Wenn sie noch gerade bissfest ist und viel wichtiger: wenn sie dir schmeckt, ist das Essen fertig. Nimm dann den Deckel ab und lass das übrige Wasser verdampfen. Wenn du magst, gieß einen Schuss Balsamicoessig hinzu. Entferne den Topf von der Hitze. Du kannst die Möhren nun verfeinern mit Butter oder Olivenöl (einfach darübergießen). Oder mit einer Senfsoße. Die machen wir als nächstes.

SENFSOSSE

1 – 2 TL Butter

1 gestrichener TL Mehl

ca. 150 ml Milch (oder Wasser)

1 – 2 TL Senf

1 TL Balsamicoessig

Gewürze: Salz, Pfeffer, Muskat

Gib die Butter in einen kleinen Topf und lass sie bei mittlerer Hitze schmelzen. Sobald sie flüssig ist, rühre das Mehl gründlich hinein und gieße erst dann ungefähr zwei Drittel der Flüssigkeit (Milch oder Wasser) hinzu und rühre die Masse glatt. Sie wird schnell andicken. Füge dann so lange Flüssigkeit hinzu, bis du meinst: Genau so dickflüssig muss die Soße sein. Achte genau darauf, was währenddessen passiert. Die Hitze kannst du dann auf niedrig reduzieren, sodass es noch leicht blubbert. Bis hierhin ist das im Grunde eine Béchamelsoße, eine klassische Grundsoße, mit der man alles Mögliche anstellen kann. Die sollte nun wenigstens eine Viertelstunde bis zwanzig Minuten köcheln, damit sie den Mehlgeschmack verliert.

Würze mit einer Prise Salz, zwei bis drei Umdrehungen aus der Pfeffermühle und etwas Muskatnuss, gib den

Schuss Balsamicoessig und den Senf hinzu. Nun ist es eine Senfsoße – und ihr Geschmack ist abhängig vom Senf. Also suche vorher einen guten Senf aus: Einen, der dir gefällt. Senf muss nicht einfach nur scharf sein. Ein guter Dijonsenf ist gerade so mild, dass er noch andere Aromen offenbart. Probiere ein wenig von deiner selbstgekochten Soße. Schmecke ab und wenn alles passt bedenke: Du wirst sie nicht kochend heiß essen und beim Abkühlen wird sie noch etwas fester; also darf sie jetzt ein klein wenig dünner sein als du sie dir später wünschst. Nun kannst du die Soße verwenden und einfach über deine geschmorten Möhren gießen und genießen.

Ohne guten Einkauf kein gutes Essen

Ohne Zutaten kann man nichts kochen, das ist klar. Doch die besten Köche wissen auch: Ohne gute Zutaten kann man nicht gut kochen. Und gute Zutaten nehmen dir das Kochen ab. Kochen beginnt deswegen beim Einkauf.

Nehmen wir die Möhren aus dem vorigen Rezept: Es gibt Möhren – und dann gibt es Möhren. Sie schmecken unterschiedlich je nach Jahreszeit, Region, Bodenbeschaffenheit und Sorte. Kauft man sie achtlos im Supermarkt, bekommt man sie mal aus Spanien, dann aus Israel, später aus Italien, den Niederlanden oder auch mal aus Deutschland. Welche Möhren sind die Besten? Das entscheidet der Koch; er muss begreifen: All diese Möhren schmecken höchst unterschiedlich. Einige eignen sich gar nicht zum Genuss, andere passen besser in die Suppe. Das gilt für alle Zutaten: Nur weil es rund und rot ist und Tomate darauf steht, eignet es sich nicht unbedingt für ein Rezept mit Tomaten.

Gute Zutaten kaufen, das ist eine Sache des Bauches – in jeder Hinsicht. Es fordert alle Sinne. Lässt der Gemüsehändler uns nicht probieren und haben wir keine Alternative, müssen wir uns auf unsere Nase verlassen, auf unseren Tastsinn, die Augen, auch die Ohren. Doch ob die Möhre lecker ist, das wissen wir erst nach dem Abbeißen. Deswegen ist es so wichtig, einen zuverlässigen Gemüsebauern zu haben oder wenigstens einen Händler, der seine Ware wirklich liebt.

Gute Zutaten finden, erkennen, wählen: Darüber kann man kein Buch schreiben. Es ist der ewige Lernvorgang jedes Kochs und es erfordert stete Achtsamkeit mit allen Sinnen. Doch es lohnt sich: Gut gekauft ist halb gekocht.

SAISONAL KOCHEN

Gutes Essen braucht frische Zutaten, deswegen sollte man saisonal kochen – auch im Sinne der Nachhaltigkeit. Rezepte und Zutaten streng in Jahreszeiten einteilen, das ist allerdings nur mit Gewalt möglich. Und die möchte ich den kostbaren Lebensmitteln nicht antun. Möhren und Lauch gibt es fast das ganze Jahr aus heimischer Erzeugung, ebenso Zwiebeln und Knoblauch durch ihre Lagerfähigkeit. Pflanzen halten sich nicht an Kalenderdaten und -jahreszeiten, in ihrer Verfügbarkeit ergeben sich fließende Übergänge. Die folgende Einteilung richtet sich daher nach den Hauptzutaten und auch nach den traditionellen Essgewohnheiten über das Jahr. Besonders Herbst und Winter teilen sich viele Mahlzeiten.

Was die Zutaten angeht: Irgendwo ist immer Sommer. Anstelle der Saison sollten wir uns auf unsere Region beschränken, dort herrscht immer nur eine Jahreszeit und so vermeiden wir zugleich lange Transportwege. Dabei gewinnen wir viel, darunter Verbundenheit zur Heimat oder auch Rarität: Erdbeeren, Tomaten, Heidelbeeren – die Wertschätzung solcher Zutaten steigt, wenn sie nur kurze Zeit verfügbar sind. Verzicht erhöht den Genuss.

Frühling

Der Frühling ist stets eine magere Zeit. Noch wächst kaum etwas und die Vorräte des Herbstes gehen zur Neige. Zeit für Suppen und Gewächshaussalate.

Rucolasalat #1

80 g Rucola

12 kleine Tomaten (Kirschtomaten oder Cocktailtomaten)

1 handvoll geröstete Pistazien (geknackt)

125 g Mozzarella

4 getrocknete Zwetschgen (Pflaumen)

Olivenöl

Den Rucola in ungefähr 3 cm lange Stücke schneiden und in eine große Schüssel geben. Die Tomaten vierteln; den Mozzarella in rund 2 cm große Würfel und die Zwetschgen in rund 3 mm kleine Stücke schneiden. Alles in die Schüssel geben und 4 – 5 Esslöffel Olivenöl darüber verteilen. Mit einer Gabel unterheben und vermengen, anschließend servieren.

AVOCADOSALAT

1 reife Avocado*

1 Kopf Salat (z. B. Eichblattsalat) oder 80 g Rucola

15 geröstete Pistazien

2 Trockenzwetschgen

1 Prise Salz

3 – 5 Esslöffel Olivenöl

Optional: Geriebenen Pecorino, Parmesan oder ähnlich

Den Salat waschen und in mundgerechte Stücke schneiden. Die Avocado schälen und entkernen, in 3 – 5 mm breite Streifen und dann quer dazu erneut in 3 – 5 mm breite Stifte schneiden. Die Trockenzwetschgen in 3 mm kleine Würfel schneiden. Die Pistazien gegebenenfalls schälen und dann mit den Avocado, Salat- und Zwetschgenstücken in eine ausreichend große Schüssel geben.

Mit einer Prise Salz würzen und einen guten Schuss Olivenöl hinzugeben, jedoch nicht ersäufen. Wer mag, reibt etwas alten Pecorino darüber. Dann umrühren, auf zwei Schalen oder Teller verteilen und servieren.

* Zum Vermeiden langer Transportwege empfehle ich Avocados aus Griechenland: Die Wege halten sich im Vergleich zur Ware aus Übersee in Grenzen und die Qualität überzeugt.

RUCOLASALAT #2

80 g Rucola

12 kleine Tomaten (Kirschtomaten oder Cocktailtomaten)

1 Handvoll Walnüsse (geknackt)

60 g Gorgonzola

½ kleine Birne

Olivenöl

Den Rucola in ungefähr 3 cm lange Stücke schneiden und in eine große Schüssel geben. Die Tomaten vierteln; die Walnusshälften halbieren; den Gorgonzola in rund 2 cm große Würfel schneiden; und die Birnenhälfte längs halbieren und dann quer in 1 – 2 mm dünne Scheiben schneiden. Alles in die Schüssel geben und 4 – 5 Esslöffel Olivenöl darüber verteilen. Mit einer Gabel unterheben und vermengen, anschließend servieren.

NOCH MEHR SALATE

Probier auch mal diese Kombinationen:

- Avocado + Salatgurke + Walnuss + Paprika + Koriander + Olivenöl
- Zucchini + Avocado + Pistazie + Tomate + Basilikum + Olivenöl

SPINATROLLE

600 g Spinat (gehäckselt)

6 – 7 Eier

3 – 4 Zwiebeln

200 ml Tomatensoße (Seite 103) oder Tomatenmark

Gewürze: Salz, Pfeffer, Thymian, Oregano

Den Backofen auf 180 °C vorheizen. Die Eier gründlich mit dem Spinat verrühren und mit Salz und Pfeffer würzen. Ein Backblech mit Backpapier auslegen, die Spinatmasse als dünnen Film darauf verteilen, anschließend in den Ofen schieben und rund 20 Minuten backen.

Währenddessen die Zwiebeln schälen, schneiden und anbraten. Mit Salz und Pfeffer würzen. Die Tomatensoße vorbereiten oder das Tomatenmark mit etwas Wasser verdünnen und mit Salz, Pfeffer, Oregano und Thymian würzen. Nach der Backzeit prüfen, ob die Oberfläche des Spinatfilms trocken und das Ei gestockt ist, gegebenenfalls noch etwas länger backen. Danach die Tomatensoße auf dem Spinatboden verteilen, darauf die Zwiebeln legen. Weitere 5 Minuten backen.

Rolle dann den gesamten Boden auf, beginne dabei an einer der kürzeren Seiten. Es hilft, wenn du den Spinatfilm der Länge nach halbierst und so zwei Rollen bildest.

SPARGEL

500 g Spargel (weiß oder grün)

Butter

Gewürze: Salz, Muskatnuss, Pfeffer, Zitronensaft

Optional: Pecorino oder Parmesan

Spargel zubereiten ist einfach: Den Spargel schälen. Etwa 2 cm Wasser in einen Topf füllen, Dampfgareinsatz in den Topf stellen, den Spargel einlegen. Sind die Stangen zu lang, darfst du sie ruhigen Gewissens halbieren: Sie schmecken dann trotzdem noch. Den Topf mit einem passenden Deckel schließen und etwa 15 Minuten garen.

Anschließend das Kochwasser abgießen, den Dampfgareinsatz herausnehmen und einen guten Esslöffel Butter zum noch heißen Spargel geben und vermengen. Ein bis zwei Esslöffel Zitronensaft hinzugeben und mit Salz, Pfeffer und Muskatnuss abschmecken. Nach Geschmack etwas Hartkäse darüber reiben.

SPARGELSUPPE

1,5 kg Spargelbruch

1 Zitrone

2 TL Kartoffelstärke

2 EL Butter

Parmesan

Gewürze: Salz, Pfeffer, Muskatnuss

Optional: 1 Becher Sahne

Den Spargelbruch schälen. Die Schalen kann man nun mit Wasser in einen Topf geben und 20 Minuten auskochen. Dann entfernt man die Schalen, behält das Kochwasser und kocht darin den Spargelbruch. Hat man dazu keine Zeit oder Lust, kocht man den geschälten Bruch einfach in frischem Wasser und bekommt einen etwas weniger intensiven Geschmack.

Den Spargelbruch in rund 5 cm lange Stücke schneiden und in einen Topf geben. Zwei Finger breit mit Wasser oder Spargelbrühe füllen und ungefähr 20 Minuten kochen. Dann vom Herd nehmen und mit einem Stab- oder Standmixer pürieren. Die Kartoffelstärke in etwas kaltem Wasser lösen (ist die Flüssigkeit zu warm, klumpt die Stärke), einige Löffel des Spargelpürees einrühren, dann diese Masse unter Rühren in den pürierten Spargel gießen.

Butter, Salz, Pfeffer und Muskatnuss hinzugeben, die Zitrone abreiben und die Zesten hinzugeben. Die Zitrone auspressen und mit dem Saft die Suppe abschmecken. Ist die Suppe zu dick, etwas Wasser oder Sahne einrühren. Servieren mit frisch geriebenem Parmesan.

DAMPFGAREN MIT DAMPFGAREINSATZ (VAPORETTE)

Zum Dampfgaren benötigst du kein teures Spezialgerät. Ein einfacher Dampfgareinsatz, eine sogenannte Vaporette, genügt völlig. Die gibt es in verschiedenen Größen und durch ihre Bauweise genügt meist eine einzige für verschiedene Töpfe. Mehr darüber erzähle ich in diesem alten Video: urgck.de/vaporette.

Der Vorteil beim Dampfgaren: Die Lebensmittel werden nicht vom Wasser umspült, verlieren also weniger Geschmack und Nährstoffe.

Stell einfach die passende Vaporette in einen Topf deiner Wahl, fülle nur so viel Wasser ein, dass es den unteren Rand der Vaporette gerade nicht erreicht und lege dann dein Gemüse obendrauf. Bring das Wasser zum Kochen, setz einen Deckel auf, reduziere dann die Hitze so weit, dass es noch dampft. Je nach Lebensmittel und Größe der Teilstücke beträgt die Garzeit zehn bis dreißig

Minuten. Blumenkohl, zerteilt in grobe Röschen, benötigt ungefähr fünfzehn Minuten, Rote Bete eher dreißig Minuten oder länger.

KOHLRABI, DAMPFGEGART

Beliebige Anzahl Kohlrabi
Einige Esslöffel Butter oder Olivenöl
Gewürze: Salz, Pfeffer

Den Kohlrabi schälen und in ca. 1 cm dicke Scheiben schneiden.

Etwa 2 cm Wasser in einen Topf füllen, Dampfgareinsatz in den Topf stellen, den Kohlrabi einlegen, mit einem passenden Deckel schließen und zum Kochen bringen.

Sobald es dampft, auf mittlere Hitze reduzieren und etwa 20 Minuten garen. Die genaue Garzeit ist abhängig von der jeweiligen Ernte und vom persönlichen Geschmack. Zum Prüfen des Garzustandes mit einem Messer in die Knolle stechen. Anschließend das Wasser abgießen. Den Kohlrabi mit etwas Olivenöl oder Butter, Salz und Pfeffer verfeinern.

KOHLRABI-BROKKOLI-SUPPE

2 Kohlrabi

1 Kopf Brokkoli

1 Becher Sahne

Gewürze: Salz, Pfeffer, Muskatnuss

Optional: Milch, Kürbiskernöl

Kohlrabi schälen und in kleine Würfel schneiden. Zusammen mit dem gestückelten Brokkoli in einen Topf geben. Etwa einen Finger breit Wasser einfüllen, Deckel aufsetzen zum Kochen bringen, dann die Hitze reduzieren und 20 Minuten köcheln lassen.

Anschließend die Sahne hinzugeben, mit einer Prise Salz, etwas Muskatnuss und Pfeffer würzen und zu einer glatten Suppe pürieren. Wenn vorhanden mit Kürbiskernöl abschmecken. Aufgießen zur gewünschten Konsistenz mit Milch oder Wasser.

WENN DEIN ESSEN MISSGLÜCKT

Sollte dir eines dieser Rezepte nicht auf Anhieb gelingen, gib mir die Schuld. Bist du frustriert, schiebe es auf mich. Leider kann man kein Rezept so schreiben, dass es wirklich jeder versteht. Wenn etwas schiefläuft, laste es mir an und lass dich nicht entmutigen. Mach einfach weiter.

SOMMER

Der Sommer bringt neue Gemüse und löst die Blattsalate des Frühlings ab. Tomaten, Paprika und Auberginen bringen Farbenpracht, unterschiedlichste Texturen und Aromen auf die Teller.

OSSOBUCO ALLA FELIX

½ kg Beinscheibe oder Haxe vom Rind
⅓ l Rotwein (am besten Primitivo oder Lagrein)
1 Zwiebel
½ Knolle Knoblauch
4 kleine bis mittelgroße Tomaten
3 Möhren
2 Paprika
Schweineschmalz, Butterschmalz oder Rindertalg
Gewürze: Salz, Pfeffer

Ossobuco mag für manche nach einem einschüchternd komplizierten Rezept klingen. Beeindruckend ist beim *Knochen mit Loch,* der Beinscheibe oder Haxe, aber nur der Geschmack: Die Zubereitung ist ein Kinderspiel.

Den Rand der Beinscheibe rundherum alle 3 cm einschneiden. Wähle einen Topf, in den alle Zutaten zusammen passen. Etwas Fett hineingeben und auf hohe Hitze bringen. Die Beinscheibe hineinlegen und einen Deckel aufsetzen, um etwaige Spritzer abzufangen. Nach einer Minute auf mittlere Hitze reduzieren. Man kann die Scheibe nun zunächst wenden und die andere Seite für noch mehr Röstaromen (siehe Seite 184) anbraten. Das sparen wir uns in dieser einfachen Ausführung. Jetzt: Den Wein in den Topf geben.

Die Tomaten hinzugeben und mit einer Prise Salz und ein paar Umdrehungen Pfeffer würzen. Die Zwiebel, Paprika und Möhren in 5 mm große Würfel schneiden, die Knoblauchzehen schälen und zerdrücken und alles in den Topf geben. Die Hitze so reduzieren, dass die Flüssigkeit nur noch an ein oder zwei Stellen wenig und sanft brodelt. Deckel aufsetzen und mindestens drei, besser vier oder fünf Stunden schmoren lassen (auch acht Stunden sind kein Problem).

Fertig ist die Speise, wenn das Fleisch vom Knochen fällt. Das Knochenmark kann man dann entweder einfach herausnaschen oder mit servieren. Gute Zutaten, in diesem Fall besonders die Tomaten, helfen dem Ossobuco. Abschließend noch einen guten Schuss Olivenöl unterrühren und, falls nötig, mit etwas Salz abschmecken.

Dazu passt auch gut eine dicke Scheibe knusprigen Sauerteigbrotes.

Dieses Rezept lädt ein zu Variationen mit weiteren Gemüsen wie zum Beispiel Sellerie, Fenchel oder Lauch.

RATATOUILLE À LA FELIX

1 Zwiebel

2 Knoblauchzehen

1 Aubergine

2 – 3 kleine oder eine mittelgroße Zucchini

1 Paprika

8 kleine Tomaten oder 150 ml passierte Tomaten (stückig)

Tomatenmark, doppelt konzentriert

Olivenöl

2 Schluck Rotwein zum Ablöschen

Gewürze: Salz, Pfeffer, Thymian, Basilikum, Fenchel,

Balsamicoessig

Optional: Anchovies (eingelegte Sardellen)

Alternative Gewürze: Salz, Pfeffer, Zimt, Nelken,

Kurkuma, evt. Zitronensaft

Machen wir es uns leicht: Wir braten die Zutaten nicht getrennt an, sondern werfen alles in einen Topf. Das schmeckt auch.

Die Zwiebel in Ringe oder grobe Würfel schneiden, die Knoblauchzehe fein hacken und Paprika und Zucchini in 3 – 4 mm dünne Scheiben schneiden. Die Aubergine in rund 1 cm große Würfel schneiden und die Tomaten vierteln.

Einige Esslöffel Olivenöl in einen breiten Topf geben, die Zwiebelstücke hinzugeben und bei mittlerer Hitze glasig braten. Dann die Hitze erhöhen und Zucchini, Paprika und Knoblauch sowie noch ein paar Esslöffel Olivenöl und zwei Prisen Salz hinzugeben und häufig rühren. Die Zucchini sollten etwas braune Farbe annehmen. Dann mit dem Rotwein ablöschen und den Topfboden gut abschaben. Auf mittlere Hitze reduzieren und die Aubergine, eine Minute später auch die Tomaten hinzugeben.

Für noch mehr Umami, also mehr Geschmack *untenrum* (siehe Seite 167), könnte man nun ein paar fein gehackte Anchovies hinzugeben. Einige Minuten köcheln und reduzieren lassen.

Dann ein paar Umdrehungen aus der Pfeffermühle und je eine gute Prise Thymian, Basilikum und frisch gemahlenen Fenchel hinzugeben (bei frischen Kräutern: drei Zweige Thymian, zwei Zweige Basilikum). Einen Schuss

Balsamicoessig unterrühren und mit Salz abschmecken. Den Topf vom Herd nehmen, ein paar Minuten ziehen lassen und noch einmal abschmecken, dann servieren.

Für eine Variante mit nordafrikanischem Einschlag nutze ½ TL Zimt, ½ TL frisch gemahlene Nelken und 1 TL Kurkuma anstelle von Thymian, Basilikum und Fenchel. Verzichte ganz auf die Säure durch den Balsamicoessig oder schmecke mit Zitronensaft ab.

Riech dran!

Es gibt für einen Koch kaum Wichtigeres, als ständig an den Zutaten und am Essen zu riechen (denke an Werkzeug #4, Seite 40). Rieche vor dem Schneiden daran und danach, schnuppere an den Gewürzen und verfolge, wie sich die Aromen beim Kochen verändern. Steck deine Nase in den Kochtopf und schnüffele aufmerksam. Versuche, die einzelnen Aromen zuzuordnen, präge dir die Gerüche ein und lerne, wie sie zusammenpassen.

BLUMENKOHLSALAT

1 Kopf Blumenkohl

200 ml Mayonnaise (selbstgemacht aus Olivenöl, Seite 148)

3 – 4 gekochte Eier

2 – 3 Essiggurken

Gewürze: Salz, Pfeffer

Optional: 100 – 200 g gekochtes Suppenfleisch

Den Blumenkohl in seine natürlichen, etwa erdbeergroßen Röschen zerlegen und in einen Topf mit Dampfgareinsatz und ausreichend Wasser geben. Zum Kochen bringen und im heißen Dampf garen. Zehn Minuten sollten ausreichen. Einfach ein Röschen entnehmen und selbst prüfen – es sollte bissfest, auf keinen Fall zu weich sein.

Anschließend das Wasser abgießen, den Blumenkohl in ein Durchschlagsieb geben und abkühlen und trocknen lassen. Währenddessen die Olivenöl-Mayonnaise nach Rezept vorbereiten und die übrigen Zutaten (Gurken, Eier, ggfs. Suppenfleisch) in kleine Würfel schneiden. Anschließend alle Zutaten in eine Schüssel geben und vorsichtig vermengen. Mit Salz und Pfeffer abschmecken, danach kaltstellen. Am besten schmeckt der Blumenkohl, wenn er rund 12 Stunden durchgezogen ist. Gekühlt ist er mehrere Tage haltbar.

TOMATENSOSSE (GROB)

1 kg Romatomaten oder ähnliche

1 kleine Zwiebel

Olivenöl

Gewürze: Basilikum, Thymian, Petersilie, Salz, Pfeffer

Die Tomaten waschen, das grüne Stück entfernen und auf der gegenüberliegenden Seite die Haut kreuzförmig einschneiden. Dann in einen Topf legen und mit kochendem Wasser übergießen. Zwei bis drei Minuten stehenlassen, anschließend das Wasser abgießen und kaltes oder Eiswasser über die Tomaten gießen. Die Haut lässt sich nun leicht abziehen.

Nun eine Zwiebel in feine Würfel schneiden und in einem Topf mit etwas Olivenöl bei mittlerer Hitze anschwitzen. Sobald die Zwiebeln transparent werden, die gehäuteten Tomaten grob in Würfel schneiden und hinzugeben. Weiter köcheln und gelegentlich rühren, bis die Tomaten langsam zerfallen. Etwas Thymian und eine Prise Pfeffer hinzugeben. Weiter köcheln und rühren, bis eine grobe, nicht zu flüssige Soße entsteht.

Dann den Herd ausschalten, den Topf darauf stehenlassen und Petersilie sowie Basilikum fein hacken, hinzugeben, einen guten Schuss Olivenöl folgen lassen und unterrühren. Einen Deckel aufsetzen und wenigstens eine Stunde ziehen lassen. Anschließend mit Salz abschmecken und servieren.

Dieses Rezept gelingt so ähnlich auch mit getrockneten Gewürzen und stückigen Tomaten aus der Konserve.

GESCHMORTE PAPRIKA

8 rote Paprika

3 EL Olivenöl

Gewürze: Salz, Pfeffer, getrockneter Basilikum

Die Paprika waschen, in 5 mm schmale Streifen schneiden und mit dem Olivenöl in einen Topf geben.

Mit ½ – 1 TL Salz und etwas Pfeffer würzen und auf mittlerer Hitze schmoren. Regelmäßig umrühren. Die Paprika gibt recht schnell Flüssigkeit ab und schmort dann im eigenen Saft.

Nach rund 15 Minuten sollte die Paprika weich und ihr Saft angedickt sein. Den Herd ausschalten und die Paprika mit 1 EL getrocknetem Basilikum würzen und verrühren. Mit Olivenöl abschmecken und servieren.

GERÖSTETE TOMATEN

1 kg Tomaten

Gewürze: Salz, Pfeffer, Thymian

Optional: Frischer Basilikum

Den Backofen auf 220 °C Umluft vorheizen. Die Tomaten waschen, in 5 mm dicke Scheiben schneiden und auf ein Rost legen. Würzen und auf oberster Schiene rund 20 Minuten im Ofen rösten. Je nach Ofen ist es sinnvoll, die Oberhitze zusätzlich einzuschalten. Anschließend optional mit je einem kleinen, frischen Basilikumblatt belegen.

BLUMENKOHL, GERÖSTET

1 Kopf Blumenkohl

6 EL Olivenöl

Gewürze: Salz, Pfeffer, Kurkuma, Paprikapulver

Den Backofen auf 200 °C Umluft vorheizen. Den Blumen-kohl in etwa 3 – 4 cm große Teile zerlegen, auf einem Backblech verteilen, mit Olivenöl beträufeln und nach Geschmack würzen, mit Salz, Pfeffer und Kurkuma oder Paprikapulver und alles gut verteilen.

Das Blech in den Ofen schieben und das Gemüse rund 15 Minuten rösten. Mit Oberhitze geht es schneller, je nach Ofen variiert die Garzeit um bis zu 5 Minuten.

PICADILLO

300 g Hackfleisch

1 Zwiebel

5 Tomaten

1 vollreife Kochbanane

5 – 6 Spitzpaprika

3 Knoblauchzehen

4 EL Olivenöl

Gewürze: Salz, Pfeffer, Kardamom, Paprika, Thymian

Zunächst die Zwiebel in Ringe schneiden und in einer Pfanne bei mittlerer Hitze im Olivenöl glasig braten. Mit Salz und Pfeffer würzen. Währenddessen die Tomaten, Paprika und Knoblauch in ca. 5 mm kleine Würfel hacken. Anschließend Tomaten, Paprika, Knoblauch sowie das Hackfleisch mit in die Pfanne geben und bei mittlerer Hitze schmoren lassen. Mit Salz und Pfeffer würzen, sowie mit Kardamom, Thymian und Paprikapulver abschmecken.

Die Flüssigkeit der Tomaten so weit reduzieren bis eine dickflüssige Soße entsteht. In einer zweiten Pfanne bei mittlerer Hitze etwas Kokosfett oder Butter erhitzen, die Kochbanane der Länge nach halbieren und von beiden Seiten anbraten, bis sie braune Farbe annimmt und karamellisiert. Zuletzt das Picadillo auf einem Teller oder in einer Schale anrichten, die Banane dazugeben und servieren.

GERÖSTETE PAPRIKA

Je 2 grüne, rote und gelbe Paprika

6 EL Olivenöl

Gewürze: Salz, Pfeffer

Den Backofen auf 200 °C Umluft vorheizen. Die Paprika waschen, anschließend jede Paprika aufrecht stellen und seitlich senkrecht herunterschneiden, so dass vier Seitenteile entstehen. Den Boden abtrennen und die Kerne nebst Stil entsorgen.

Diese großen Paprikastücke auf ein mit Backpapier (besser: Backmatte) ausgelegtes Blech legen, mit Olivenöl beträufeln, salzen und pfeffern. Rund 15 – 20 Minuten im Ofen backen und darauf achten, dass die Paprikastücke nicht zu dunkel werden. Als Beilage servieren.

Ein guter Schuss Olivenöl?

»Unsere Soße ist das Olivenöl.«

– Giorgio Nava

Ob man drei oder sechs Esslöffel Olivenöl zum Anbraten zum Beispiel einer Zwiebel benutzt, hängt ab vom Durchmesser des Kochgeschirrs und natürlich vom Geschmack. Wie viel ist eigentlich ein guter Schuss Olivenöl? Das liegt in deinem Ermessen. Deswegen gebe ich die Mengen nicht immer an. Gutes Olivenöl sollte man immer im Haus haben. Damit kann man eine Suppe veredeln, Grillfleisch würzen und im Notfall die Türangel ölen. Gutes Olivenöl landet in meiner Küche tassenweise im Essen.

Und was ist gutes Olivenöl? Das entscheidet dein Geschmack. Es gibt Olivenöle, die kratzen im Rachen. Andere schmeicheln dem Hals und schmecken eher mild. Nach einigen Jahren der Suche habe ich die milden Koroneiki-Olivenöle von der Insel Kreta liebgewonnen. Das kann sich auch wieder ändern.

In meinen Rezepten findest du häufig die Anweisung zum Verfeinern mit Olivenöl (oder Butter). Verwende dann so viel Öl, wie es dir schmeckt und zu deiner Vorstellung von guter Ernährung passt.

BLUMENKOHL (ODER BROKKOLI), DAMPFGEGART

1 Kopf Blumenkohl oder Brokkoli

Olivenöl oder Butter

Gewürze: Salz, Pfeffer, Muskatnuss

Den Kohl grob zerlegen in etwa 5 – 10 cm große Teile, so dass alles zusammen mit dem Dampfgareinsatz in den Topf passt und sich dieser schließen lässt. Den Stiel bzw. Strunk kann man schälen und mitessen.

Etwa 2 cm Wasser in den Topf füllen, den Dampfgareinsatz in den Topf stellen, Kohl einfüllen, mit einem passenden Deckel schließen und zum Kochen bringen.

Sobald es dampft, auf mittlere Hitze reduzieren und etwa 15 Minuten garen. Die genaue Garzeit ist abhängig von der Größe der Einzelteile, jedoch auch von der jeweiligen Ernte und von deinem Geschmack.

Verfeinern mit etwas Olivenöl oder Butter, Salz, Pfeffer und Muskatnuss. Wer keine Angst vor Butter hat, verwendet sie großzügig. Für mich ersetzt Butter im Gemüse viele Soßen. Wünschst du dir eine Soße mit eigenem Geschmack, findest du Rezepte auf Seite 152.

CREMIGE BROKKOLISUPPE

5-6 Kopf Brokkoli

75 ml Olivenöl

3 TL Salz

2 TL Kartoffelstärke

Gewürze: ½ TL Pfeffer (frisch gemahlen), 1 Prise

Chilipulver, 1 Prise Muskatnuss

Je 1 TL Kümmel und Fenchelsamen (frisch gemahlen), 1 TL

Knoblauch (granuliert als Pulver), 2 TL Zwiebelpulver,

Den Brokkoli grob zerkleinern und in einen großen Topf geben. Etwa drei Finger breit Wasser einfüllen und zum Kochen bringen. Dann die Hitze zum Köcheln reduzieren, Deckel aufsetzen und rund eine Stunde weichkochen. Falls nötig zwischendurch etwas Wasser auffüllen, damit es nicht anbrennt.

Anschließend das Wasser nicht abgießen und den Brokkoli darin gründlich pürieren. Einen halben Becher kaltes Wasser mit der Kartoffelstärke verrühren und dann in den Brokkoli mischen. Die übrigen Zutaten und Gewürze hinzugeben und weiter pürieren, bis eine glatte, cremige Suppe entsteht. Nach Bedarf mit etwas Wasser verdünnen.

GESCHMORTER WEISSKOHL

½ Kopf Weißkohl

1 Zwiebel

Olivenöl & Butter

Gewürze: Salz, Pfeffer, Muskatnuss

Die Zwiebel in Ringe schneiden und im Topf bei mittlerer Hitze in etwas Olivenöl anschwitzen oder leicht anbräunen.

Währenddessen den Weißkohl in ca. 2 cm kleine Stücke schneiden und anschließend hinzugeben. Regelmäßig umrühren bis der Weißkohl stellenweise braune Farbe annimmt. Mit Salz, Pfeffer, Muskatnuss und reichlich Butter abschmecken und servieren.

MUSS ES BIO-WARE SEIN?

Ein Bio-Siegel garantiert weder die höchste Qualität, noch nachhaltiges Wirtschaften. Bio-Siegel sind Papiertiger. Oft sind sie die bessere Wahl gegenüber konventioneller Ware: Sie erfüllen Mindestanforderungen und unterliegen entsprechenden Kontrollen (auf dem Papier). Erheblich besser ist jedoch in der Regel der Kauf direkt bei solchen Landwirten, die aus Überzeugung Verantwortung für die Umwelt und ihre Erzeugnisse übernehmen. Manchmal haben die ein Bio-Siegel. Oft nicht.

HERBST

Der Herbst bringt reiche Ernte, beglückt uns noch mit einigen Sommerfrüchten und ermöglicht oft früh den Blick auf Zutaten des Winters.

KÜRBISBREI

1 Hokkaido-Kürbis

Butter oder Olivenöl

Gewürze: Salz, Pfeffer

Den Kürbis waschen, halbieren, entkernen und dann in 2 – 3 cm große Stücke schneiden (die Schale des Hokkaido-Kürbis ist essbar). Etwa 2 cm Wasser in einen Topf füllen, Dampfgareinsatz in den Topf stellen, die Kürbiswürfel einlegen, mit einem passenden Deckel schließen und zum Kochen bringen. Sobald es dampft, auf mittlere Hitze reduzieren und etwa 20 Minuten garen, bis die Würfel sich leicht mit einer Gabel durchstechen lassen.

Dann den Herd ausschalten, das Wasser abgießen und den Dampfgareinsatz entfernen. Den Kürbis zurück in den Topf geben und mit einem Kartoffelstampfer oder einer Gabel gründlich zerdrücken. Mit Salz und Pfeffer abschmecken und mit reichlich Butter oder Olivenöl verfeinern. Nach Bedarf mit etwas Wasser verdünnen.

ROTE BETE, GEBACKEN

500 g Rote Bete (frisch)

Olivenöl

Gewürze: Salz, Pfeffer

Optional: Basilikum, Balsamico

Den Backofen auf 200 °C vorheizen. Die Knollen waschen; es ist nicht nötig, sie zu schälen. Anschließend die Rote Bete in 1 – 2 cm große Würfel schneiden und auf ein Backblech legen. Mit Salz und Pfeffer würzen, etwas Olivenöl darüber geben und gut verrühren, um alle Flächen zu erreichen.

Anschließend gleichmäßig auf dem Blech verteilen, so dass möglichst wenige Überlappungen entstehen. Das Blech sollte nicht überfüllt sein. Wenn die Stücke übereinander liegen, wird die Garung ungleichmäßig und ein Teil des Gemüses kann wässrig bleiben.

Für ca. 20 Minuten im Ofen backen. Anschließend nach Geschmack etwas getrockneten Basilikum und Balsamico darüber geben und servieren.

ROTE BETE, DAMPFGEGART

500 g Rote Bete (frisch)

Olivenöl oder Butter

Gewürze: Salz, Pfeffer

Die Knollen waschen; es ist nicht nötig sie zu schälen. Anschließend die Rote Bete in ca. 1 cm dicke Scheiben schneiden

Einen Topf etwa 2 cm hoch mit Wasser befüllen, Dampfgareinsatz in den Topf stellen, die Rote Bete einlegen, mit einem passenden Deckel schließen und zum Kochen bringen.

Sobald es dampft, auf mittlere Hitze reduzieren und etwa 20 Minuten garen. Die genaue Garzeit hängt ab von der jeweiligen Ernte und von deinem Geschmack. Anschließend das Wasser abgießen.

Verfeinern mit etwas Olivenöl oder Butter, Salz und Pfeffer.

KRAUTSALAT UND COLESLAW

½ Kopf Weißkohl und/oder Rotkohl

Gewürze: Salz, Pfeffer, Zitronensaft oder Weißweinessig,
Olivenöl

Für Coleslaw: Mayonnaise (siehe Seite 148)

Entferne den Strunk und schneide den halbierten Kohl dann in 2 – 3 mm schmale Streifen. Schneide die Streifen ein bis zwei Mal quer durch, damit keine zu langen Stücke verbleiben. Salz, Pfeffer und Zitronensaft oder Essig mit ausreichend Öl verrühren und den Kohl damit abschmecken.

Coleslaw ist eine angelsächsische Variante des Krautsalats. Dafür rührt man statt der Essig-Öl-Mischung eine dünne Mayonaise in den geschnittenen Kohl.

STECKRÜBENBREI

1 Steckrübe

30 g Butter oder mehr

Gewürze: Salz, Pfeffer, Muskatnuss

Die Steckrübe schälen und in 2 – 3 cm große Würfel schneiden. Einen Topf etwa 2 cm hoch mit Wasser füllen, Dampfgareinsatz in den Topf stellen, die Steckrübenwürfel einlegen, mit einem passenden Deckel schließen und etwa

20 Minuten garen. Anschließend abgießen, die Würfel zerstampfen und mit Butter verfeinern. Abschmecken mit Salz, Pfeffer und Muskatnuss.

ROHKOSTSALAT

2 große Möhren

2 mittelgroße Rote Bete

½ Apfel

½ daumengroßes Stück Ingwer

Olivenöl

Saft einer gepressten Zitrone

Die Möhren fein reiben. Die Rote Bete unter Wasser abbürsten, das Wurzelende abschneiden und die Knolle in 5 mm kleine Würfel schneiden. Den Apfel entkernen und in streichholzgroße Stifte (Juliennes) schneiden und den Ingwer fein hacken. Alle Zutaten in eine Schüssel geben, einen guten Schuss Olivenöl hinzugeben, vermengen und mit Zitronensaft abschmecken.

WINTER

Sanft fließt das kulinarische Jahr vom Herbst in den Winter. Viele der Winter-Rezepte beginnen ihre Saison im Herbst.

PASTINAKENCHIPS

750 g Pastinaken

Olivenöl

Gewürze: Salz, Pfeffer, Chili, Paprika

Den Backofen auf 200 °C vorheizen. Pastinaken in dünne Scheiben schneiden und in eine große Schüssel geben. Etwas Olivenöl in die Schüssel geben und die Gewürze hinzufügen – ganz nach Geschmack. Am besten mit der Hand umrühren und für gute Verteilung der Gewürze sorgen. Die Chips auf zwei Blechen verteilen und in den Ofen schieben. Die Backzeit beträgt mindestens 30 Minuten und hängt auch ab von der Art des Ofens. Die Pastinaken verlieren viel Wasser und es kann sinnvoll sein, zwischendurch ganz kurz die Ofentür zu öffnen, damit der Dampf schneller entweichen kann. Die Pastinaken so lange rösten, bis sie die gewünschte goldbraune Farbe und Knusprigkeit erreicht haben.

ROTE-BETE-SALAT

4 Knollen Rote Bete (mittelgroß)

2 kleine Boskoop Äpfel

12 Walnüsse

1 EL Dijon-Senf

20 ml Olivenöl

Balsamicoessig

Saft einer Zitrone

Die Rote Bete reinigen (sie kann, muss jedoch nicht geschält werden) und in einem Topf mit Dampfgareinsatz 45 Minuten garen. Anschließend ein wenig abkühlen lassen, dann erst in zwei bis drei Millimeter dünne Scheiben und diese dann in zwei bis drei Millimeter Streifen (Juliennes) schneiden. Den Apfel in ebenso schmale Streifen schneiden und die Walnüsse in rund 5 mm kleine Stücke zerbrechen. Apfel und Bete in eine Schüssel geben und mit Zitronensaft und Walnüssen vermengen.

Den Senf in eine schmale Tasse geben und das Olivenöl löffelweise unterrühren, bis immer wieder eine glatte Masse entsteht. Anschließend mit etwas Balsamicoessig abschmecken und verrühren. Das Dressing dann zum Salat geben und untermengen.

Dazu passen auch gut einige Stücke Gorgonzola.

ROTKOHL

1 Kopf Rotkohl

2 – 3 Zwiebeln

1 – 2 Boskoop Äpfel (1 cm gewürfelt)

1 g Nelken (getrocknet & gemahlen)

15 g Salz

2 g Pfeffer

1 g Zimt

50 ml Rotwein

40 g Butter

Butter- oder Schweineschmalz zum Anbraten

Rotkohl und Zwiebeln in feine Streifen schneiden (ca. 1 mm breit), die Zwiebeln bei mittlerer Hitze in etwas Schmalz glasig braten.

Ein Drittel des Rotkohls und die Hälfte des Salzes hinzugeben und umrühren. Anbraten, bis es am Topfboden leicht bräunt. Derweil die Äpfel in Würfel schneiden.

Dann den restlichen Rotkohl, die Äpfel und die übrigen Zutaten hinzugeben und vermengen. Einen Deckel auf den Topf setzen und den Kohl rund 20 Minuten schmoren lassen, alle 5 Minuten umrühren. Ist der Kohl anschließend noch nicht ausreichend zart, einfach etwas länger schmoren und das Umrühren nicht vergessen.

ROSENKOHL, DAMPFGEGART

500 g Rosenkohl

Olivenöl oder Butter

Gewürze: Salz, Pfeffer, Muskatnuss

Vorbereitung: Blätter mit schwarzen Stellen kannst du entfernen oder mitessen. Sind besonders große Röschen dabei, solltest du die sie halbieren, damit alle Stücke gleichmäßig garen. Kreuzweise einschneiden ist nicht nötig.

Einen Topf etwa 2 cm hoch mit Wasser füllen, den Dampfgareinsatz hineinstellen, Rosenkohl einfüllen, Deckel aufsetzen und zum Kochen bringen.

Sobald es dampft, auf mittlere Hitze reduzieren und etwa 18 Minuten garen. Die genaue Garzeit hängt ab von der Größe der Einzelteile, jedoch auch von der jeweiligen Ernte und deinem Geschmack. Wer es zarter mag, lässt den Kohl länger garen.

Verfeinern mit etwas Butter oder Olivenöl, Salz, Pfeffer und Muskatnuss. Butter im Gemüse kann viele Soßen ersetzen. Rezepte für Soßen mit eigenem Geschmack findest du auf Seite 152.

ROSENKOHL, GERÖSTET

500 g Rosenkohl

Beachte die Hinweise zur Vorbereitung des Rosenkohls auf Seite 120. Den Backofen auf 220 °C vorheizen. Rosenkohl auf ein Backblech geben, mit Olivenöl, Salz und etwas Pfeffer bestreuen und gut vermengen. Er sollte weitgehend mit Öl benetzt sein.

Das Blech auf mittlerer Schiene in den Ofen schieben und nach 15 Minuten den Garzustand prüfen. Der Rosenkohl sollte an der Oberseite bräunliche Farbe annehmen, nicht zu dunkel. Gegebenenfalls etwas länger rösten.

ROSENKOHL, GESCHMORT

500 g Rosenkohl
1 Zwiebel, in kleine Würfel geschnitten
Gewürze: Salz, Pfeffer, Muskat

Beachte die Hinweise zur Vorbereitung des Rosenkohls auf Seite 120. Etwas Öl oder Butter in einen Topf geben und auf mittlere Hitze bringen. Die Zwiebel hinzugeben und anschwitzen, dann leicht anbräunen. Mit Salz und Pfeffer würzen.

Den Rosenkohl und etwa einen Finger breit Wasser hinzugeben. Einen Deckel aufsetzen und den Topfinhalt zum Simmern bringen (leichtes Brodeln). Alle 3 – 4 Minuten umrühren und gegebenenfalls etwas Wasser nachfüllen. Nach etwa 15 Minuten den Garzustand durch Anstechen eines Rosenkohlröschens mit einer Gabel prüfen. Garen, bis die gewünschte Zartheit erreicht ist. Anschließend mit Muskat, Salz und Pfeffer abschmecken.

GRÜNKOHL

ca. 500 g Grünkohl

1 Zwiebel

1 Apfel (Boskoop)

Gewürze: Salz. Pfeffer, Muskatnuss

Zum Braten und Abschmecken: Butter oder Gänseschmalz

Die Grünkohlblätter von den Strünken ziehen und waschen. Zwei Daumen breit Wasser in einen Topf füllen, Grünkohlblätter hinzugeben und ca. 15 Minuten kochen.

Derweil die Zwiebel in kleine Würfel schneiden, in Butter glasig braten und mit Salz und etwas Pfeffer würzen.

Auch den Apfel in kleine Würfel schneiden.

Nach der Garzeit des Grünkohls das Kochwasser abgießen (es ist meist bitter) und erneut daumenbreit auffüllen, Zwiebel und Apfel hinzugeben. Gut umrühren und noch einmal rund 10 Minuten schmoren. Mit Salz, Pfeffer,

Muskatnuss und reichlich Butter oder Gänseschmalz abschmecken.

Hinweis: Grünkohl braucht keinen Frost, niedrige Temperaturen vor der Ernte genügen.

PASTINAKENFRITTEN

600 g Pastinaken

3 EL Olivenöl

Gewürze: Salz, Pfeffer, Paprika

Den Ofen auf 200 °C vorheizen. Pastinaken in 1 cm dicke Fritten schneiden und auf einem Backblech verteilen. Das Olivenöl mit Salz, Pfeffer und Paprikapulver verrühren und die Fritten damit bestreichen. Dann das Blech für 15 bis 20 Minuten in den Ofen schieben. Nach Ablauf der Backzeit heiß servieren.

GEBACKENES GEMÜSE

800 g Wurzelgemüse: Rote Bete, Möhren, Pastinaken

Olivenöl

Gewürze: Salz, Pfeffer

Den Backofen auf 180 °C vorheizen. Das Gemüse unter fließendem Wasser schrubben und ungeschält in ungefähr 1,5 cm große Würfel schneiden, dann in einen Topf geben. Würzen mit etwas Salz und Pfeffer und rund fünf Esslöffeln Olivenöl. Mit einem Deckel verschließen und gut durchschütteln, um Gewürz und Öl zu verteilen.

Anschließend das Gemüse auf zwei Backblechen verteilen (mit oder ohne Unterlage), so dass möglichst nichts übereinander liegt und die Würfel nicht zu eng gedrängt liegen. Die Bleche dann in den Ofen schieben und mit Umluft ungefähr 30 bis 40 Minuten backen. Die Backzeit hängt ab vom verwendeten Ofen und es gibt häufig heißere und kühlere Stellen in den Geräten. Daher unbedingt zwischendurch prüfen, wie weit das Gemüse ist. Es sollte leicht braun, jedoch auf keinen Fall schwarz werden. Besonders an der Roten Bete bilden sich kleine Blasen. Das ist ein gutes Zeichen dafür, dass das Gemüse gar ist.

GANZJÄHRIGE TAUSENDSASSA

Viele Zutaten sind ganzjährig erhältlich weil ihre Wachstumssaison lang ist oder weil man sie gut lagern kann. Häufig sind es wahre Tausendsassa, die sich für Zubereitungen als Beilage für viele Gerichte eignen.

BOHNENPÜREE

250 g weiße Bohnen (getrocknet)
Reichlich Olivenöl
Gewürze: Salz, Pfeffer, Bohnenkraut, Knoblauchgranulat
Optional: Parmesan oder Pecorino, frischer Knoblauch,
Butter, Zitronenöl

Die Bohnen in der dreifachen Menge Wasser, also 750 ml, für 12 bis 24 Stunden einweichen. Anschließend das Wasser abgießen und die Bohnen in frischem Wasser länger als üblich kochen, etwa zwei Stunden.

Das Kochwasser abgießen und mit einem Teelöffel Bohnenkraut, einigen Prisen Salz, etwas Pfeffer und Knoblauchpulver würzen. Reichlich gutes Olivenöl hinzugeben (mindestens rund 40 ml) und gründlich zu einer glatten Masse pürieren. Wenn das Püree zu fest ist, mehr Olivenöl hinzugeben.

Statt des Öls kann man auch Wasser nehmen – das schmeckt dann nur nicht so gut. Milch geht auch, oder Sahne. Oder Butter. Zum Verfeinern eignet sich geriebener Parmesan oder Pecorino. Anstelle des Knoblauchgranulats kann man auch zwei bis drei Zehen Knoblauch fein hacken, in einem Esslöffel Butter anbraten und mit der Butter in die Bohnen pürieren. Ein Schuss Zitronenöl hebt das Püree geschmacklich an, macht es leichter und feiner.

BELUGALINSOTTO

250 g Belugalinsen

3 EL Butter

4 EL Parmesan, gerieben

Gewürze: Salz, Pfeffer

Optional: Milch oder Sahne

Die trockenen Linsen über Nacht in Wasser einweichen. Am Folgetag das Wasser durch frisches ersetzen und die Linsen darin 17 – 18 Minuten kochen. Anschließend das Wasser abgießen, einen Esslöffel Butter hinzugeben, umrühren und mit Salz abschmecken. Die Linsen etwas abkühlen lassen. Jetzt kann man sie noch vielfältig würzen, sofort essen, oder …

In einem Topf die übrige Butter zerlassen, die Linsen hineingeben und unter Rühren erhitzen. Mit etwas Wasser (oder Milch oder Sahne) angießen, bis eine cremige Konsistenz entsteht. Mit Salz und Pfeffer abschmecken, abschließend den Parmesan darüber geben und einrühren. Das Belugalinsotto kann man vielfältig würzen, zum Beispiel mit einer Currymischung.

SELLERIE, DAMPFGEGART

1 Knolle Sellerie

Gewürze: Salz, Pfeffer

Die Sellerieknolle schälen oder einfach nur gründlich unter fließendem Wasser abbürsten und anschließend in ca. 10 bis 15 mm dicke Stifte schneiden

Etwa 2 cm Wasser in einen Topf füllen, Dampfgareinsatz in den Topf stellen, den Sellerie einlegen, mit einem passenden Deckel schließen und zum Kochen bringen.

Sobald es dampft, auf mittlere Hitze reduzieren und etwa 15 Minuten garen. Die genaue Garzeit ist abhängig von der jeweiligen Ernte und vom persönlichen Geschmack. Anschließend das Wasser abgießen.

Verfeinern mit etwas Butter oder Olivenöl, Salz und Pfeffer.

CURRYSOSSE

2 EL Butter

2 TL Mehl

1 Prise Salz

1 Becher Wasser oder Milch/Kokosmilch

Gewürze: Currymischung oder Ingwer, Kurkuma, Kümmel,

Kreuzkümmel, Koriander, Paprika, Pfeffer, Zimt

Grundlage dieser Soße ist eine Mehlschwitze, aufgegossen mit Wasser oder Milch. Die kann man ganz beliebig würzen, in diesem Fall mit Curry.

Die Butter in einem kleinen Topf bei mittlerer Hitze zerlassen und das Mehl hinzugeben. Gut verrühren, dann die Hitze reduzieren und mit einem halben Becher der Flüssigkeit ablöschen und unter Rühren aufgießen, bis eine glatte Soße entsteht. Ist sie zu fest, nach und nach weitere Flüssigkeit zugeben. Dann würzen mit Salz und der Currymischung oder den einzelnen Gewürzen.

Wenigstens 5 Minuten sanft köcheln lassen, um den Mehlgeschmack zu mindern, dabei hin und wieder rühren.

SCHMORLAUCH

4 – 5 Stangen Lauch

Gewürze: Salz, Pfeffer

Den Lauch gründlich waschen, der Länge nach halbieren und in 5 mm dicke Scheiben schneiden.

In einer hohen Pfanne oder einem Topf etwas Olivenöl erhitzen, den Lauch und eine Prise Salz hinzugeben. Auf mittlerer Hitze unter Rühren etwa 20 Minuten schmoren. Unterdessen mit Salz und Pfeffer abschmecken. Der Lauch ist fertig, wenn er zart und stellenweise leicht bräunlich ist. Verfeinern mit Olivenöl oder Butter.

CHAMPIGNONS, GEBRATEN

250 – 500 g Champignons

Gewürze: Salz, Pfeffer

Optional: Petersilie, Zwiebeln, Knoblauch

Etwas Butter oder Olivenöl in eine Pfanne bei mittlerer Hitze geben. Anschließend nur so viele Pilze hinzugeben, dass sich keine zwei Schichten bilden: Alle Champignons sollten direkten Kontakt zur Pfanne haben. Gegebenenfalls in zwei Portionen braten. Anfangs umrühren, damit alle Pilze mit etwas Fett überzogen sind. Nach etwa 2 bis 3 Minuten sollten die Pilze Flüssigkeit abgeben. Weiter garen und gelegentlich umrühren, bis diese vollständig verdampft ist. Nach 8 bis 10 Minuten nehmen die Pilze eine goldbraune Farbe an und sind servierbereit. Optional kannst du ein bis zwei Minuten vor Ende des Garvorgangs etwas fein gehackte Petersilie hinzugeben.

Du kannst die Pilze vor dem Braten auch in Hälften, Scheiben oder kleine Würfel schneiden – das Ergebnis ist jeweils eine andere Textur, der Garvorgang bleibt gleich.

KARAMELLISIERTE ZWIEBELN

7 – 8 Zwiebeln

8 EL Olivenöl

Die Zwiebeln schälen, in feine Ringe schneiden und mit dem Olivenöl in einen Topf geben. Bei höchstens mittlerer Hitze langsam schmoren und alle 3 bis 4 Minuten umrühren, dabei jeden Ansatz vom Boden kratzen. Nach etwa 20 Minuten beginnen die Zwiebeln zu karamellisieren, der Geschmack intensiviert sich in den folgenden, weiteren 20 Minuten.

MÖHRENSALAT

500 g Möhren

1 große Zitrone

Die Möhren fein reiben. Die Zitrone auspressen, den Saft über die geriebenen Möhren geben und gut verrühren, anschließend servieren.

KARTOFFELN & SÜSSKARTOFFELN, OFENGERÖSTET

1000 g Kartoffeln oder Süßkartoffeln

Gewürze: Salz, Pfeffer

Den Backofen auf 200 °C Umluft vorheizen. Die Kartoffeln schälen, in etwa 1 cm dünne Scheiben oder Spalten schneiden, und auf ein Backblech legen. Mit Salz und Pfeffer würzen und mit Olivenöl besprenkeln. Dann mit der Hand alles vermengen und das Öl gut verteilen. Das Blech sollte nicht überfüllt sein. Wenn die Stücke in zwei Schichten liegen, garen sie ungleichmäßig und ein Teil des Gemüses kann wässrig bleiben.

Das Blech in den Ofen schieben und ungefähr 20 Minuten backen. Die Kartoffeln sind fertig, wenn sie teils braune Farbe annehmen.

OMELETTE

3 Eier

Butter

Frischer Schnittlauch & Petersilie

Gewürze: Salz, Pfeffer

Die Kräuter fein hacken und in eine kleine Schüssel geben. Die Eier darüber schlagen und mit einer Prise Salz und Pfeffer würzen. Mit einer Gabel gründlich aufschlagen, bis sich die Eiweißfäden auflösen und die Masse leicht schäumt.

Eine beschichtete Pfanne (am besten eine gut eingebrannte Eisenpfanne) auf mittlere Hitze bringen, erst dann etwas Butter darin zerlassen.

Die Eiermasse hineingeben und sofort rühren, damit beim Garen keine zu großen und festen Stücke entstehen. Kurz bevor sich die Masse kaum noch verteilen lässt, alles gleichmäßig auf dem Pfannenboden verteilen, kurz garen lassen und dann auf einer Seite mit dem Aufrollen beginnen. Anschließend das Omelette als Rolle auf einen Teller gleiten lassen und noch etwas Butter darauf verstreichen.

Keine Sorge, wenn es beim ersten, zweiten oder sechsten Mal nicht so gut gelingt: Ein gutes Omelette ist die Messlatte für jeden Koch. Daran kann man ein Leben lang arbeiten.

MÖHRENSUPPE

1 kg Möhren

1 Stück Knollensellerie

½ Stange Lauch

Milch oder Wasser

Kartoffelstärke

Butter oder Olivenöl

Gewürze: Salz, Pfeffer

Optional: Curry, Bärlauch oder Bärlauchpesto

Das Gemüse waschen, in grobe Stücke (ca. 4 cm Länge) schneiden und in einen Topf geben. Zwei Finger breit Wasser einfüllen, einen Deckel aufsetzen und zum Kochen bringen. Hitze reduzieren, dann rund eine Stunde köcheln lassen und aufpassen, dass immer etwas Wasser im Topf bleibt.

Anschließend vom Herd nehmen und am besten pürieren, notfalls mit einem Kartoffelstampfer stampfen. Gib noch je eine halbe Tasse Wasser oder Milch hinzu. Püriere weiter. Fülle die Tasse noch einmal bis zur Hälfte mit kühlem Wasser und rühre einen Teelöffel Kartoffelstärke hinein. Gieße dies zur Suppe und rühre oder püriere weiter. Gib nun so lange Flüssigkeit hinzu, bis die Suppe so dünn oder dick ist, wie du sie magst. Probiere die Suppe aufmerksam. Verfeinere mit zwei Esslöffeln Butter oder Olivenöl, einer guten Prise Salz und ein paar Umdrehungen aus der Pfeffermühle. Rühre gut um und probiere erneut. Wahrscheinlich fehlt noch Salz, aber du kannst es auch mit einem Teelöffel Currypulver versuchen.

Schmecke weiter ab, bis dir die Suppe gefällt. Bevor du sie servierst, kannst du etwas frisch geschnittenen Bärlauch darüber streuen oder etwas Bärlauchpesto. Oder fein gehackten Schnittlauch oder Frühlingszwiebeln oder Ingwer. Das passt gut dazu.

MEHR SUPPEN

Nach dem Prinzip der Möhrensuppe kannst du auch eine Lauchsuppe zubereiten oder das klassische Suppengemüse Möhre, Sellerie und Lauch zu gleichen Teilen mischen. Rote Bete, Kartoffeln und Kürbis gehen auch. Probier es aus.

MÖHREN, GEBACKEN

500 g Möhren

Olivenöl

Gewürze: Salz, Pfeffer

Den Backofen auf 200 °C Umluft vorheizen. Die Möhren in etwa 5 mm dünne Scheiben schneiden, und in eine Schüssel geben. Mit Salz und Pfeffer würzen und mit 3 – 4 Esslöffel Olivenöl besprenkeln. Dann mit der Hand alles vermengen, um Gewürze und Öl gut zu verteilen. Die Möhrenscheiben auf ein Backblech legen, in den Ofen schieben und ungefähr 20 Minuten backen. Die Möhren sind fertig, wenn sie teils braune Farbe annehmen und eventuell einige Blasen werfen.

RÜHREI

3 Eier, vorzugsweise Bio, am besten von den freilaufenden Hühnern der Nachbarschaft

Butter

Gewürze: Salz, Pfeffer

Die Eier in eine Schüssel schlagen, eine gute Prise Salz und etwas Pfeffer hinzugeben. Mit einer Gabel die Eigelbe anstechen, dann schwungvoll verrühren. Dabei möglichst die zusammenhängenden Eiweißstränge trennen und verteilen.

In einer Pfanne (am einfachsten antihaftbeschichtet, ich empfehle Keramikbeschichtung oder am besten eine gut eingebrannte Eisenpfanne) einen Esslöffel Butter bei mittlerer Hitze zerlassen, dann die Eiermasse hinzugeben und stetig rühren.

Es gibt keine Abkürzung zum perfekten Rührei: Steigt die Temperatur zu hoch, wird das Ei fest und ledrig. Also geduldig weiterrühren bis die gesamte Masse dick und cremig wie Quark wird. Dann sofort vom Herd nehmen und servieren.

RINDERZUNGE

1 Stück Rinderzunge

Salz

Die Zunge spülen. Einen Topf mit Wasser füllen, bis es die Zunge beim Hereinlegen vollständig bedeckt. Das Wasser zum Kochen bringen, dann die Zunge und eine große Prise Salz hinzugeben. Die Hitze reduzieren, bis es nur noch leicht blubbert (etwa mittlere Hitze) und die Zunge rund zwei bis drei Stunden kochen.

Anschließend die Zunge aus dem Wasser nehmen, kurz abkühlen lassen und dann die Haut abziehen. In Scheiben schneiden und servieren zum Beispiel mit Rotkohl oder Brokkoli. Bereitest du eine Soße dafür, kannst du den Sud der Zunge als Flüssigkeit verwenden.

KNOCHENBRÜHE

Einige Kilogramm Knochen

Die Knochen dicht in einen Kochtopf packen. Den Topf mit Wasser füllen bis es die Knochen bedeckt. Zum Kochen bringen, dann zum Simmern (äußerst schwaches Blubbern) reduzieren. Optional innerhalb der ersten halben Stunde den aufsteigenden, grauen Abschaum abschöpfen.

Nach 8 bis 12 Stunden die Hitze ausschalten. Die Knochen entfernen und die Brühe durch ein Sieb in den oder die Zielbehälter geben. Beim heiß Abfüllen sofort verschließen und auf diese Weise einwecken. Andernfalls abkühlen lassen und im Kühl- oder Gefrierschrank lagern – oder sofort nach Belieben würzen (meist genügt etwas Salz, aber auch Fenchel passt) und trinken oder weiterverwenden als Grundlage von Soßen und Suppen.

CEVICHE

400 g Fisch* oder Meeresfrüchte

3 Zitronen

3 Tomaten

1 Paprika

1 Zwiebel

Gewürze: Salz, Pfeffer, Chilipulver, Koriander

* Es empfehlen sich festfleischige Sorten, jedoch funktioniert z. B. auch Scholle

Die Zitronen auspressen und den Saft in ein nicht-reaktives Gefäß (zum Beispiel Glas oder Keramik) gießen. Den Fisch in ca. 2 – 3 cm große Stücke schneiden, in den Zitronensaft geben und so verteilen, dass er vollständig bedeckt ist.

Die übrigen Zutaten in kleine Würfel schneiden und hinzugeben. Mit zwei Prisen Salz, ein paar Umdrehungen aus der Pfeffermühle, etwas Chilipulver und rund 1 TL Korianderpulver würzen. Gut verrühren und wenigstens 15 Minuten marinieren lassen, ggfs. umrühren.

Auch mehrere Stunden sowie eine Übernachtung in der Säure schaden dem Geschmack nicht und sorgen für eine gründlichere Denaturierung des Eiweißes: Der Fisch gart ohne Hitze in der Säure der Zitronen.

Anschließend den Fisch servieren.

HACKFLEISCH

Hackfleisch

Schweineschmalz, Butterschmalz oder Rindertalg

1 Glas Weißwein

Gewürze: Salz, Pfeffer

Optional: Karamellisierte Zwiebeln (fein gehackt, Seite 130)

& Knoblauch

Man kann Hackfleisch zu einer einfachen, grauen Masse
garen, wie man sie in vielen Suppen findet. Oder man brät
es braun und leicht knusprig und nutzt dabei die zusätzlichen Aromen der Maillardreaktion (siehe Seite 184).
Voraussetzung für braun angebratenes Hackfleisch ist
ausreichend Hitze. Das heißt: Niemals zu viel Hackfleisch
auf einmal in die Pfanne oder den Topf geben. Wie viel
genau, das hängt ab vom Kochgeschirr. Als Faustregel gilt:
Das Hackfleisch sollte höchstens 1 cm dick auf dem Boden
des Kochgefäßes (Pfanne oder Topf) liegen. Sonst gibt es
zu viel Wasser ab, die Temperatur sinkt und es kann nicht
anbräunen. Größere Mengen Hackfleisch lassen sich
portionsweise nacheinander anbraten. Ein Topf oder
Pfanne mit massivem, schwerem Boden hilft beim Auf-
rechterhalten einer stabilen Temperatur.

Eine Pfanne (oder Topf mit großem Durchmesser) auf mittelhohe Hitze (6 von 10 oder 2 von 3) bringen. Derweil das Hackfleisch würzen: 1 Teelöffel Salz und 8 Umdrehungen aus der Pfeffermühle auf 500g Hackfleisch, dann gut vermengen. Wenn die Pfanne heiß ist, etwas Schmalz hineingeben und den Boden damit bedecken. Dann das Hackfleisch hinzugeben – nicht zu viel auf einmal (s.o.) – und gut verteilen. Häufig umrühren, dabei zerkleinern und vom Boden lösen. Lässt es sich nicht mehr vom Boden lösen, einen Schluck Weißwein hinzugeben (ablöschen) und kratzen. Die Säure des Weines hilft beim Lösen, bremst jedoch auch die Bräunung.

Das Hackfleisch ist fertig, wenn alle rötlichen Stellen verschwunden sind und es überwiegend braune Farbe angenommen hat. Dann die Pfanne vom Herd nehmen oder das Hackfleisch herausnehmen und die nächste Portion garen.

Gebratenes Hackfleisch kannst du mit vielen anderen Zutaten kombinieren. Zum Beispiel mischen mit gebratenen Zwiebeln oder dampfgegartem Gemüse und einer Soße und warum nicht noch ein paar Linsen? Probier es aus.

FLEISCH SCHMOREN

Durchwachsenes Fleisch von z.B. Hals, Nacken, Wade (Hesse), Bein, Unterschale, Schwanz

Schweineschmalz, Butterschmalz oder Rindertalg

Kein Gesetz verbietet das Schmoren jedes Stücks Fleisch. Allerdings eignen sich einige Stücke dafür besser als andere. Meist die viel bewegten, durchwachsenen Teile des Tieres wie Hals bzw. Nacken, Beine und Schwanz – also die Teile, die oft als zäh gelten. Zäh sind sie jedoch nur bei falscher Zubereitung. Zarter als Butter wird z. B. eine Rinderbacke, wenn man sie ordentlich schmort. Das ist einfach:

Das Stück mit etwaig zugehörigem Knochen in einem heißen Topf in etwas Schmalz anbraten, bis es leicht braune Farbe bekommt. Dann ablöschen mit Wasser, viel besser jedoch mit Brühe oder Rotwein. So viel Flüssigkeit hinzugeben, dass das Fleisch zur Hälfte bedeckt ist.

Nur wenig Salz hinzugeben, dafür einige Kräuter und Gewürze nach Geschmack, zum Beispiel Thymian und Fenchel. Warten, bis die Flüssigkeit gerade anfängt zu blubbern und dann die Hitze reduzieren, bis nur noch gelegentlich Blasen aufsteigen (das nennt man Simmern). Dann einen Deckel aufsetzen und gelegentlich kontrollieren, ob noch genügend Flüssigkeit im Topf ist, damit es nicht anbrennt. Nach rund zwei Stunden sind die meisten Fleischteile bereits zart. Doch auch nach drei oder vier Stunden verändert sich der Geschmack noch und einige Stücke werden noch zarter. Wann das Fleisch fertig geschmort ist, entscheidet der Koch. Oft schmeiße ich morgens alles in den Topf, gehe meinem Alltag nach und genieße abends das Festmahl. Das Essen kocht sich selbst.

Optional: Bereits beim Anbraten kann man auch kleingeschnittenes Suppengemüse (Möhren, Sellerie und Lauch) hinzugeben und so das Aroma erweitern. Später kann man es pürieren oder passieren und die Soße damit andicken – ich finde, das dient nicht immer dem Geschmack. Beim Schmoren nutzt man auch die Wirkung der Maillardreaktion (siehe Seite 184).

LEBER BRATEN

Ein Stück Leber

Olivenöl, Butter- oder Schweineschmalz

Gewürze: Salz, Pfeffer

Zunächst gegebenenfalls die äußere, beinahe durchsichtige Haut entfernen und gröbere Gefäße herausschneiden. Dann die Leber in rund 15 mm dünne Stücke oder Streifen schneiden. In einer Pfanne auf mittlerer Hitze etwas Öl oder Schmalz erhitzen und die Leber hineingeben. Nur kurz von allen Seiten anbraten und dann sofort aus der Pfanne nehmen. Die Leber auf keinen Fall durchbraten. Das ist mit kleineren Stücken einfacher. Brät man Leber zu lange, wird sie zäh. Große Stücke kann man besser bei mittlerer Hitze und dafür etwas länger braten. Erst während des Bratens salzen. Dazu passt Bohnenpüree, eine Zwiebelsoße oder einfach ein guter Balsamicoessig.

FISCH BRATEN

Fischfilet

Gewürze: Salz

Fisch gart allgemein bei niedrigeren Temperaturen als Fleisch. Bei hoher Hitze wird er schnell trocken.

Eine Pfanne auf mittlere Hitze bringen. Den Fisch auf der Hautseite (glatte Seite) leicht salzen. Etwas Olivenöl in die heiße Pfanne geben, dann den Fisch mit der Hautseite nach unten hineinlegen. Beobachte anhand der Farbveränderung am Rand, wie der Fisch langsam von unten nach oben gart. Das Ziel: Der Fisch soll in der Mitte noch leicht glasig bleiben. Wenn er fast bis zur Hälfte gegart ist, von oben salzen und umdrehen (Hautseite nach oben). Wieder beachten, wie er von unten nach oben gart.

Die Pfanne vom Herd nehmen, wenn die Farbe bis fast zur Mitte verändert ist. Da das Filet heiß ist und auch die Pfanne noch Hitze abgibt, wird das Filet noch etwas weiter garen. Dennoch kann man es bereits servieren.

Ob das Filet auf der Hautseite nun bis fast zur Hälfte, zu einem oder zu zwei Dritteln garen sollte, hängt vor allem von deinem Geschmack ab. Wichtig ist: Genau beobachten, was da vor sich geht und wie das entsprechende Ergebnis schmeckt. Ist der Fisch nach dem Garen zu trocken, braucht es beim nächsten Versuch weniger Garzeit.

ROTWEIN-ZWIEBEL-SOSSE

1 Zwiebel

1 EL Butter

50 ml Rotwein

1 EL Balsamico-Essig

1 Prise Salz

½ TL Zimt

Die Zwiebel fein hacken und unter Rühren in Butter glasig braten. Salzen, mit Rotwein ablöschen und kurz aufkochen. Hitze reduzieren, Essig und Zimt einrühren und rund 10 Minuten bei geringer Hitze köcheln und zu einer dickflüssigen Soße reduzieren.

BOLOGNESE

500 g Hackfleisch

2 Möhren

1 cm Scheibe Sellerie

1 Zwiebel

½ Stange Lauch

1,5 l passierte Tomaten

1 Schluck Weißwein zum Ablöschen

Olivenöl

Gewürze: Salz, Pfeffer, 1 TL Basilikum, 1 TL Thymian,

½ TL Kümmel, ½ TL Fenchel, Chilipulver, 1 TL Zimt

Die Liste der Gewürze meiner Bolognese geht noch ein paar Zeilen weiter, aber ich möchte deine Geduld nicht überlasten. Letztlich kommt es allein auf deinen Geschmack an.

Schneide das Gemüse in 5 mm kleine Stücke. Gib etwas Schweineschmalz oder Olivenöl in einen großen Topf mit schwerem Boden, erhitze ihn und brate dann das Hackfleisch gründlich darin an. Salzen, ablöschen mit Weißwein, dann das Hackfleisch in eine Schüssel füllen und beiseite stellen.

Nun das Gemüse mit etwas Olivenöl und einer guten Prise Salz in den Topf geben und unter Rühren anbraten, bis es stellenweise braune Farbe annimmt. Dann mit den Tomaten ablöschen und das Hackfleisch wieder hinzugeben. Würzen, umrühren, kurz aufkochen und wenigstens 30 Minuten auf mittlerer Hitze köcheln lassen.

Anschließend einen guten Schuss Olivenöl unterrühren und abschmecken mit Salz. Am besten eine Nacht im Kühlschrank ziehen lassen: Bolognese schmeckt meist am Tag danach noch viel besser. Pur genießen oder als Soße für Pasta.

HACKBRATEN

600 g Hackfleisch

1 Möhre

1 Paprika

1 Zwiebel

3 Zehen Koblauch

2 Eier

Olivenöl

Gewürze: Salz, Pfeffer

Optional: Paprikapulver (edelsüß)

Zwiebel, Paprika und Möhre in 5 mm kleine Würfel schneiden. Die Zwiebel in etwas Olivenöl glasig braten und mit Pfeffer und Salz würzen.

Anschließend die Paprika- und Möhrenwürfel zur Zwiebel geben, mit einem Schuss Wasser, Brühe oder Weißwein ablöschen, einen Deckel aufsetzen und bei mittlerer Hitze 10 Minuten garen.

Währenddessen den Knoblauch fein hacken. Den Backofen auf 200 °C vorheizen. Nach der Garzeit des Gemüses alle Zutaten mit dem Hackfleisch vermengen und mit Salz, Pfeffer, Olivenöl und ggfs. Paprikapulver abschmecken. Gut durchkneten, damit eine homogene Masse entsteht.

Anschließend die Fleischmasse in eine eingefettete Kastenform oder Brotform (ca. 8 x 18 cm) geben und für eine Stunde bei 200 °C im Ofen backen. Hinterher auf einen Teller stürzen und kurz ruhen lassen.

Der Hackbraten schmeckt auch kalt. Aufwärmen kann man ihn einfach durch Anbraten bei mittlerer Hitze in etwas Öl oder Butter, rund 3 Minuten je Seite.

MAYONNAISE

1 Ei

100 ml Olivenöl

Gewürze: 2 TL Dijonsenf, 1 Prise Salz, 1 Prise Pfeffer

(frisch gemahlen), 1 EL Zitronensaft

Zwei Anmerkungen vorweg: Ja, man kann Mayonnaise aus Olivenöl herstellen. Natürlich schmeckt sie dann nach Olivenöl; nämlich nach genau dem, das man hineinrührt. Nimmt man das Billigste, Bitterste vom Discounter, dann schmeckt auch die Mayonnaise danach. Deswegen rate ich hierfür zu einem guten und milden Olivenöl. Viele solcher Öle stammen von Kreta. Man kann auch das fürchterliche, geschmacksneutrale Discountersonnenblumenöl verwenden. Aber nicht in meiner Küche. Und nicht mit meinem Körper.

Und: Man kann Mayonnaise aus dem ganzen Ei machen und muss das Ei nicht trennen. Bei mir funktioniert das zuverlässiger als mit dem Eigelb allein.

Und noch etwas: Die Zutaten sollten alle Zimmertemperatur haben, dann gelingt die Mayonnaise mit größerer Sicherheit. Das hat mit der Emulsion durch das Eigelb zu tun, aber in diesem Mayonnaiserezept begnügen wir uns allein mit der praktischen Anwendung der Chemie.

Zuerst in einer stabil stehenden Schüssel das Ei mit den Gewürzen verrühren. Am besten per Hand, unbedingt mit einem Schneebesen, das macht am meisten Spaß und gibt dir die beste Kontrolle. Ist alles gut verrührt, füge langsam ein paar Tropfen Öl hinzu und rühre kräftig weiter. Wenn es eingearbeitet ist, rühre kräftig weiter und lasse langsam in einem dünnen Strahl weiter Öl nachfließen. Langsam. Es sollen sich keine Ölpfützen bilden. Rühre, bis sämtliches Öl eingearbeitet ist. Dann ist die Mayonnaise fertig.

Es ist keine Zauberei, gelingt aber trotzdem nicht immer. Mit diesen Tipps sollte es gutgehen. Wenn das Öl mal Überhand gewinnt in der Schüssel, dann konzentriere dich beim Rühren auf eine Stelle, an der die Emulsion, also die Eigelbmasse, noch besteht und arbeite von dort aus das Öl wieder ein. Mir ist das mit diesem Rezept allerdings noch nie passiert. Es wäre gewiss eine lehrreiche Erfahrung.

Das geht auch mit einem Pürierstab, macht dann aber nicht halb so viel Spaß.

SENF

Senfkörner oder Senfpulver

Branntweinessig

Wasser

Salz

Optional: Honig, Zucker, Rosinen

Senf kann man aus den unterschiedlichsten Zutaten herstellen. Anstelle des Essigs könnte man auch vergorenen Traubenmost nehmen oder Zitronensaft. Auch die genauen Mengen liegen im Ermessen des Kochs.

Mahle gegebenenfalls zuerst die Senfkörner. Gib dann ein wenig Wasser hinzu und verrühre es gründlich mit dem Senfpulver. Füge dann etwas Essig hinzu und rühre wieder. Taste dich langsam an die richtige Konsistenz heran und probiere immer wieder. Der Senf sollte nicht zu flüssig werden. Indem du zwischen Essig und Wasser wechselst, kannst du stets den Geschmack ausbalancieren. Wenn du dich der richtigen Konsistenz näherst, gib etwas Salz hinzu, rühre gründlich und probiere wieder. Du kannst den Senf auch mit Honig verfeinern oder fein gehackte Rosinen hinzugeben.

Nach dem Anrühren solltest du mit dem Verzehr ein paar Tage, besser ein paar Wochen warten. In dieser Zeit entwickelt sich der Geschmack und der Senf wird weniger bitter.

KETCHUP

500 ml passierte Tomaten

200 g Tomatenmark

30 ml Branntweinessig

Gewürze: Zucker oder Honig, Salz, Pfeffer

Optional: Kreuzkümmel, Kurkuma, Chili

Passierte Tomaten und Tomatenmark in einem Topf gründlich mit einer Prise Salz und Pfeffer und ein oder zwei Teelöffeln Zucker oder Honig verrühren und probieren. Weiter abschmecken, anschließend kurz aufkochen und heiß in saubere Gläser füllen, sofort verschließen und nach dem Abkühlen im Kühlschrank lagern.

Wünschst du dir scharfen Ketchup füge am besten Kreuzkümmel hinzu oder auch Kurkuma und wahlweise Chilipulver.

SOSSE

Wie macht man eine Soße? In den Soßenrezepten auf den Seiten 84, 128, 144 und 155 siehst du: Viele Wege führen ans Ziel. Ein häufiger Weg ist: Stärke. Ob Stärke aus Getreide, Kartoffelmehl oder Pfeilwurzelmehl – das Prinzip ist stets das gleiche: Man löst das Pulver in einer kalten Flüssigkeit (zum Beispiel Wasser, Milch oder Bratensaft). Erhitzt man dann die Flüssigkeit, geliert die enthaltene Stärke und dickt so die Flüssigkeit an. Wichtig ist die Reihenfolge: Die Flüssigkeit sollte kalt sein (Zimmertemperatur ist OK), wenn man das Pulver hineinrührt. Ist sie zu warm, geliert die Stärke sofort beim Kontakt mit der Flüssigkeit und es bilden sich Klumpen, weil die Partikel noch nicht gleichmäßig verteilt waren. Solche Klumpen bekommt man meist nicht mehr aus der Soße, man kann sie höchstens durch ein Sieb geben und von vorn beginnen.

Kartoffelstärke und Getreidemehl verhalten sich ähnlich, doch man verwendet sie unterschiedlich und dafür folgen zwei Beispiele.

Was tun, wenn die Flüssigkeit, zum Beispiel Bratensaft, noch heiß ist und es schnell gehen soll? In solchen Fällen gieße ich einen Teil der heißen Flüssigkeit in eine schwere, kalte Tasse und kühle diese kleine Portion schnell ab, durch Umrühren oder in einem kleinen Wasserbad. Dann rühre ich dort etwas Kartoffelstärke hinein, gieße langsam und unter Rühren heiße Flüssigkeit hinzu und wenn die Tasse voll ist, gieße ich den Inhalt zum Rest der heißen Flüssigkeit, rühre und lasse sie noch ein wenig köcheln. Eine Soße mit Bindung aus Kartoffelstärke bleibt klar.

Bei der Senfsoße auf Seite 84 verrührst du hingegen Mehl zunächst mit geschmolzener Butter (das Ergebnis nennt man Mehlschwitze). Durch das enthaltene Fett verteilen sich die Partikel schnell und es bilden sich in der Regel keine Klumpen. Dort kannst du dann die Flüssigkeit hinzugießen. Béchamelsoße ist eine von vielen Soßen, die so entstehen. Soßen mit Mehlbindung sind trübe.

Also kann man aus jeder Flüssigkeit (zum Beispiel Bratensaft oder Gemüsefond) eine Soße machen, indem man Stärke oder Mehl hineinrührt und sie dann erhitzt. Wie viel Pulver man benötigt, das lernt man am besten durch Ausprobieren. Nur so entwickelt man das richtige Augenmaß. Beachte dabei:

Kartoffelstärke dickt stärker als Getreidemehl, man benötigt davon nur ungefähr die halbe Menge.

Getreidemehl hat einen Eigengeschmack. In den meisten Soßen ist der unerwünscht, deswegen köchelt man die angedickte Soße wenigstens fünf Minuten, um ihn abzubauen.

Zum Andicken von Suppen nutze ich Kartoffelstärke. Für Soßen, die ich ohnehin länger koche, passt Getreidemehl besser. Auch darüber entscheidet dein Geschmack.

Weitere Mittel zum Andicken einer Soße sind Butter, Eigelb, Gelatine oder Sahne. Sie alle haben Vor- und Nachteile, sind allerdings weniger flexibel als Stärke.

Wenn ich Gemüse dampfgare, gieße ich meist nur das Wasser ab und gebe dann einen guten Esslöffel Butter und ein paar Gewürze zum Gemüse. Dann geht der Gemüsegeschmack nicht in den Gewürzen einer Soße unter.

ZWIEBELBEILAGE (SOSSENALTERNATIVE)

2 Zwiebeln

Olivenöl oder Butter

Salz, Pfeffer

Anstelle einer Soße schmeckt auch diese dickflüssige, stückige Zwiebelbeilage. Sie ist schnell gemacht. Ich brate die Zwiebeln bei etwas höherer Hitze als die karamellisierten Zwiebeln auf Seite 130. Dadurch werden sie schneller braun, aber man muss etwas aufpassen, dass sie nicht anbrennen. Durch Zugabe von Butter am Ende kann man den Bratensatz gut lösen und bekommt zugleich eine cremige Bindung.

Die Zwiebeln schälen und in Ringe oder Streifen schneiden. In einem Topf oder einer Pfanne etwas Olivenöl erhitzen und die Zwiebeln darin bei mittlerer Hitze braten, dabei regelmäßig wenden. Salzen und Pfeffern.

Wenn die Zwiebeln die gewünschte Bräunung erreicht haben – es darf ein tiefes Braun sei –, die Hitze reduzieren. Ein bis zwei Esslöffel Butter hinzugeben, schmelzen lassen, mit einem Bratenwender den Bodensatz abkratzen und verrühren. Bei niedrigster Hitze auf dem Herd stehenlassen zum Warmhalten – dabei kocht die Masse weiter ein. Oder sofort servieren zu Gemüse, Kartoffeln, Fleisch …

BALSAMICO-SENF-ÖL-VINAIGRETTE

1 EL Dijonsenf

1 EL Balsamicoessig

6 EL Olivenöl

Senf und Essig in einer Tasse verrühren, dann einen Esslöffel Olivenöl gründlich unterrühren bis die Masse wieder glatt ist. Weiter das Öl löffelweise einrühren, dabei entsteht eine Vinaigrette so dick wie Mayonnaise. Passt gut zu Salaten, gebackenem Gemüse oder auch Fleisch.

POCHIERTE EIER

Eier (frisch)

Eier pochieren: das ist kein Hexenwerk. Man schlägt ein Ei auf, lässt es in heißes, nicht kochendes Wasser gleiten und wartet ein paar Minuten.

Für pochierte Eier benötigt man keinen Essig (der soll das Pochieren vereinfachen, macht das Eiweiß jedoch ledrig und verändert den Geschmack).

Am einfachsten gelingt es mit frischen Eiern; deren Eiweiß hält besser zusammen und verteilt sich nicht weit im Topf.

Einfach einen kleinen Topf handbreit mit Wasser befüllen und erhitzen. Sobald kleine Blasen aufsteigen ist die nötige Temperatur bereits erreicht; es sollte auf keinen Fall kochen und wild blubbern. 60 °C genügen bereits; ich empfehle 90 °C – dann bekomme ich den Topf hinterher besser sauber.

Sobald das Wasser heiß genug ist, ein Ei in eine Suppenkelle, flache Tasse oder Untertasse schlagen und von dort behutsam aus niedriger Höhe in das Wasser gleiten lassen (das ist einfacher, als mit der Hand im Topf und über heißem Wasserdampf zu hantieren – mit etwas

Übung kannst du das Ei natürlich auch direkt aus der Schale ins Wasser gleiten lassen).

Je nach Größe des Eies nun zwei bis vier Minuten warten. Kleine Eier von rund 55 Gramm sind nach spätestens zwei Minuten weich pochiert, große 70-Gramm-Eier brauchen je nach Tagesform rund vier Minuten, bis das Eigelb wachsweich ist.

Dann sofort die Eier mit einem Schaumlöffel (oder mit einem normalen Löffel) aus dem Wasser holen und abtropfen lassen. Große Eier kurz kalt abschrecken, um den Garvorgang zu bremsen.

Anschließend servieren. Pochierte Eier passen prima auf einen Teller mit geschmortem Gemüse; gebratenen Pilzen und Zwiebeln; eine Schale mit Bohnen oder Linsen oder einfach auf eine frisch getoastete Scheibe Brot mit Butter. Ich genieße sie auf einem Bett aus Bohnenpüree (siehe Seite 125.)

DESSERTS

Zu viel Süßkram macht fett. Und krank. Wie viel ist zu viel? Das kommt auf den Einzelfall an. Mehr dazu findest du frei zugänglich unter urgck.de/zucker. Für mich ist das nur ein weiterer Grund, warum ich Desserts mit möglichst wenig Zucker entwickele. Dabei lasse ich mich auf keinen Kompromiss ein: Wenn Zucker hinein muss, dann kommt der hinein. Allerdings benötigen viele Desserts erstaunlich wenig Zucker. Oft schmecken sie mit weniger Süße sogar erheblich besser als die üblichen Zubereitungen, die zur Hälfte aus Zucker bestehen. Ich stelle zwei Desserts vor (man soll ja nicht so viele essen). Den Anfang macht meine intensiv-dunkle Mousse au Chocolat aus Schokolade mit 95 Prozent Kakaoanteil.

MOUSSE AU CHOCOLAT

2 Eiweiß

50 g Schokolade mit 80 – 95 % Kakaoanteil

100 ml Sahne

2 TL Puderzucker

1 Prise Salz

Empfehlung: 10 ml Grand Marnier

Diese Mousse schmeckt nur so gut, wie die Schokolade, aus der man sie zubereitet. Als Gegenleistung verzaubert sie den Gaumen mit mehr als dem Geschmack von Schokolade: Auch die fruchtigen Aromen des Kakaos kommen so zur Geltung. Der Schuss Grand Marnier ergänzt die Mousse mit einem leichten Orangenaroma und trägt mit seinem Alkohol den gesamten Geschmack – es geht allerdings auch ohne. Die Prise Salz ist wichtig: sie kontert den Geschmack des Kakaos. Los gehts:

Einen kleinen Kochtopf mit etwas Wasser füllen und auf dem Herd auf mittlere Hitze bringen. In diesen Topf eine Metallschüssel hängen, so dass sie möglichst das Wasser nicht berührt: Glückwunsch, durch diese Schüssel im Wasserbad hast du eine sogenannte Bain-Marie improvisiert. Die Temperatur darin wird 100 °C nie überschreiten und du kannst darin Schokolade ohne Anbrennen schmelzen. Sie sollte keinesfalls heißer als etwa 40 °C werden.

Gib in diese Schüssel nun die Schokolade und schmelze sie langsam unter Rühren. Ist sie fast vollständig geschmolzen, das Eiklar zu einem losen Schaum schlagen, dann den Puderzucker hinzugeben und kurz weiter schlagen. Unbedingt aufhören, wenn der Eischnee noch weiche Spitzen bildet: Ziehe das Rührgerät aus dem Schnee und beobachte, wie die Rührbesen den Eischnee sich mit ziehen. An dieser Stelle entstehen kleine Spitzen im Eischnee. Wenn sie umknicken, sind es weiche Spitzen. Genau diese Konsistenz benötigen wir für die Mousse. Rührst du länger, wird der Schaum steifer, die Spitzen knicken nicht mehr um (steife Spitzen) und es wird später schwieriger, die übrige Masse gleichmäßig unterzuheben. Den Puderzucker unbedingt erst in der Mitte des Rührvorgangs hinzugeben, sonst gelingt der Eischnee nicht. Zucker stabilisiert den Eischnee und verhindert, dass er wässrig wird.

Nun die Sahne steif schlagen. Dann die geschmolzene Schokolade unter Rühren in die Sahne gießen. Unbedingt sofort vermengen, sonst erhärtet sie, bevor sie verrührt ist. Diese Mischung nennt man Ganache. Dann Salz und, falls zur Hand, Grand Marnier einrühren.

Anschließend ein Drittel des Eischnees vorsichtig unter die Ganache heben. Das heißt: Nicht wild rühren, denn sonst drückst du die Luft wieder aus dem Eischnee. Stattdessen die Ganache immer wieder über den Eischnee heben. Wenn das erste Drittel eingearbeitet ist, füge ein weiteres Drittel des Eischnees hinzu. Die Ganache wird immer leichter. Hebe auch den Rest des Eischnees unter, fülle die Mousse anschließend in Dessertgläser und stelle sie wenigstens zwei Stunden kalt.

GRAND-MARNIER-CREME

100 ml Milch

1 ½ Blatt Gelatine (2,33 g)

2 Eigelb

17 g Zucker

200 ml Sahne

30 ml Grand Marnier

Die Gelatine gemäß Anleitung einweichen. Die Milch erhitzen (nicht kochen!) und die Gelatine darin lösen. Eigelb mit Zucker cremig und luftig schlagen, dann den Grand Marnier einrühren.

Diese Mischung in einen Kochtopf geben, auf mittlere Hitze stellen und sofort die heiße Milch einrühren und weiter rühren, rühren, rühren, keine Stelle des Topfbodens unangetastet lassen, auf gar keinen Fall kochen und sofort von der Hitze nehmen, wenn es angedickt ist. Wie dick? Tauche kurz die Rückseite eines Esslöffels in die Soße und puste dann darauf. Wenn sich Wellen bilden, die stehen bleiben, dann ist es fertig (man nennt das »eine Rose pusten«, weil das auf dem Löffel entstehende Muster manchmal entfernt einer Rose ähnelt). Nimm den Topf vom Herd und rühre weiter, denn der Topfboden speichert die Hitze. Stell den Topf auf eine kalte Oberfläche oder in ein kaltes Wasserbad und rühre noch etwas.

Schlage dann die Sahne steif und hebe die Eiermasse in die steife Sahne. Fülle die Masse in zwei Dessertgläser und stell sie wenigstens 4 bis 5 Stunden in den Kühlschrank, damit sie sich verfestigt.

War das alles?

Das war das letzte Rezept in diesem Buch – aber es war erst der Anfang. Du solltest nun ein Gefühl dafür haben, wie das Kochen funktioniert: Gute Zutaten beschaffen, erhitzen und beobachten – schnuppern, schauen, schmecken –, was geschieht und dann reagieren. Die Möglichkeiten für deine Experimente werden nie enden.

Anhang

Die folgenden Abschnitte befassen sich mit Hilfsmitteln, durch die deine Mahlzeiten noch besser gelingen.

Lernplan für die Kochwerkzeuge

Die wahre Werkzeugkiste des Kochs habe ich in 18 Bereiche unterteilt. Wirklich trennen kann man sie nicht, weil alle miteinander in Beziehung stehen. Doch zum Lernen eignen sich diese 18 Lektionen gut. Möchtest du das Kochen von Grund auf erlernen, kannst du dich am folgenden Lernplan orientieren. Du könntest dich jeweils eine Woche mit jeder Einheit aufhalten und sie verinnerlichen. Wenn du das Gefühl hast, genug gelernt zu haben, kannst du auch schneller fortfahren. Oder du lässt dir mehr Zeit. Hauptsache: Es macht Spaß.

1. Bilde eine Gewohnheit (Lektion #17): Wenn du etwas Neues lernen möchtest, übst du am besten regelmäßig und möglichst häufig.

2. Übe den Umgang mit dem Messer und erkunde die Möglichkeiten (Lektion #13). Das Schneiden von Zutaten verursacht die meiste Arbeit in der Küche. Es lohnt sich, wenn du gut mit dem Messer umgehen

kannst. Präzise zugeschnittene Zutaten schmecken besser und beeinflussen folgende Arbeitsschritte.

3. Beobachte die Auswirkung der Hitze (Lektion #1): Schaue beim Erhitzen genau zu, wie die Zutaten sich verhalten. Wie sehen sie aus, wie riechen sie?

4. Kehre zurück zum Zuschnitt und lege mehr Oberflächen frei (Lektion #9): Bereite das gleiche Gericht noch einmal zu, verändere jedoch den Zuschnitt und beobachte erneut, was beim Erhitzen geschieht und wie sich der Geschmack dadurch ändert.

5. Schaue dir nun andere Garmethoden an und beobachte die unterschiedlichen Ergebnisse (Lektion #2). Du könntest Blumenkohl je einmal dampfgaren, backen und braten. Wie beeinflusst die Art der Hitzeeinwirkung Garzeit, Aussehen und Geschmack?

6. Bedenke: Aroma und Textur sind nicht das Gleiche (Lektion #3). Wenn du einen Blumenkohl einmal bissfest und einmal sehr weich kochst, verändert sich sein Aroma nicht, trotzdem schmeckt er anders. Das liegt nur an der Konsistenz. So kannst du den Geschmack allein durch die Garzeit und -methode beeinflussen.

7. Auch die Temperatur zum Zeitpunkt des Essens wirkt auf den Geschmack (Lektion #11). Heiß schmeckt der Blumenkohl anders als bei Zimmertemperatur.

8. Herzlichen Glückwunsch: Du hast die absoluten Grundlagen der wahren Werkzeugkiste abgearbeitet. Dieses Wissen wird dir beim Kochen ständig dienen und sich stets erweitern. Das ist, als hättest du ein Zimmer freigeräumt und stabile Regale aufgestellt. Jetzt kannst du diese Regale mit Büchern voller Wissen und Erfahrung füllen. Beginne gleich und untersuche mit deiner neuen Blickweise verschiedene Zutaten (Lektion #4).

9. Vervielfache dein Repertoire an Aromen und erkunde Kräuter und Gewürze (Lektion #5): Blumenkohl kann marokkanisch schmecken oder indisch, russisch oder nach Cajun.

10. Mache dir etablierte Gemüsemischungen zunutze und greife zu Mirepoix (Lektion #6). Suppengrün bietet eine breite Aromagrundlage und hilft beim Vermeiden von Lücken im Geschmack (das berühmte, ratlose »Irgendetwas fehlt da!?«). Trotzdem erlaubt es vielfältige Variation mit weiteren Gewürzen und Kräutern.

11. Dieses schrittweise Erkunden der Zutaten zeigt dir: Geschmack besteht aus Ebenen (Lektion #7). Ein Gericht kann zugleich süß, sauer und ätherisch schmecken und jede Ebene bedarf Aufmerksamkeit für ein gelungenes Essen.

12. Vergiss dabei nicht Umami (Lektion #8): Umami füllt häufig eine Lücke im Geschmack, die auch das Mirepoix nicht schließen kann (siehe Schritt 10 / Lektion #6).

13. Erkunde die Maillard-Reaktion (Lektion #10): Ihre Aromen sind einzigartig und für die meisten Menschen unwiderstehlich.

14. Wende dich nun den Texturen zu und erkunde die Konsistenz verschiedener Zutaten (Lektion #12). Texturen sind für den Geschmack genauso wichtig wie Aromen.

15. Vereine dein Wissen über Garmethoden mit verschiedenen Zutaten und gare sie zu unterschiedlichen Punkten (Lektion #14). So lernst Du, welche Zutaten länger als andere benötigen. Das hilft dir beim Finden der richtigen Reihenfolge für bunte Gemüseschmortöpfe. Zum Beispiel erst Möhren garen und später Zucchini hinzugeben.

16. Setze Aromen und Texturen zusammen zu einer Mahlzeit (Lektion #16): Die größte Spannung erzielst du nicht, indem du einfach nur verschiedene Aromen wie Gewürze und Kräuter kombinierst. Spiele zusätzlich auch mit unterschiedlichen Texturen.

17. Betrachte jede Zutat als vielschichtig, keine Zutat hat nur einen Geschmack (Lektion #15): Je nach Garzustand, Temperatur und Kombination mit anderen Bestandteilen ist jedes Lebensmittel wandlungsfähig. Wenn du das verinnerlichst, wirst du einen Monat lang die gleiche Zutat essen können ohne Langeweile.

Fordere dich und deinen Geschmackssinn stets heraus (Lektion #18). Geh immer an deine Grenzen und dann noch einen Schritt weiter. Das nährt deinen Geist.

Glutamat in der Muttermilch: Besser kochen mit Umami

Umami liegt uns allen auf der Zunge. Er gilt als fünfter Grundgeschmack neben süß, sauer, salzig und bitter.[14] Auslöser des Umamigeschmacks ist Glutamat, das einen zweifelhaften Ruf genießt. Auf den folgenden Seiten liest du: Den schlechten Ruf erleidet Glutamat zu unrecht, denn es ist nicht ungesund. Vielmehr ist es lebenswichtig und tragender Teil einer gesunden Ernährung.

Was ist Umami und was ist Glutamat?

Der Geschmack Umami steckt in Tomaten und Fleisch, Käse und Weizen. Seine Entdeckung vor erst rund 100 Jahren erschüttert bis heute das veraltete Weltbild der vier Geschmacksrichtungen: Nun sind es fünf Grundgeschmäcke. Der Begriff Umami stammt von seinem japanischen Entdecker Kikunae Ikeda und benennt sowohl den Geschmack selbst, als auch genau den Stoff, der auf diesen Geschmackssinn wirkt. Im Westen ist Umami noch immer kaum bekannt. Erst in den letzten Jahren beschäftigen sich auch hiesige Köche allmählich mit Umami und es gerät zu einem der heißesten Trends unter Fans guten Essens. So zieht Seetang in immer mehr Küchen ein, eine wichtige, umamireiche Zutat der asiatischen Suppengrundlage Dashi.

Berühmt und berüchtigt ist hingegen der Stoff, der den Geschmack auslöst: Glutaminsäure, beziehungsweise ihr direkter Verwandter, eines der größten Feindbilder der heutigen Ernährung: Glutamat.

Glutamat wirkt auf unseren Umami-Sinn, so wie Zucker unsere Geschmacksknospen für Süßes anspricht. Es ist schon Bestandteil der Muttermilch, dennoch kennen viele Verbraucher Glutamat heute nur als faulen Trick, als Unheil, und als neurotoxischen Geschmacksverstärker. Ist diese Abneigung gerechtfertigt?

Unterscheiden wir zunächst die Begriffe Umami, Glutamat und Glutaminsäure:

Glutaminsäure ist eine für den Menschen nicht-essentielle Aminosäure (ein Proteinbaustein). Unser Körper kann sie selbst herstellen und sie ist lebenswichtig für den Stoffwechsel. Besonders viel Glutaminsäure steckt in Weizen, Parmesan, Erbsen und Fleisch. Fast alle proteinhaltigen Lebensmittel enthalten auch Glutaminsäure.

Glutamat gilt in der Wissenschaft als Synonym für Glutaminsäure. Es ist ein Salz der Glutaminsäure und Teil des normalen Stoffwechsels. Glutamat ist Teil der Muttermilch und vieler als empfehlenswert geltender Lebensmittel wie Tomaten, Reis oder Walnüssen. Es gilt als der wichtigste exzitatorische Neurotransmitter im Gehirn.[15]

Mononatriumglutamat (im Englischen *MSG* für Monosodiumglutamate) ist das meistverwendete Salz der Glutaminsäure, ein spezifisches Glutamat.

Umami beschreibt das Geschmacksempfinden dieses Stoffs und gilt teils als Synonym für Glutaminsäure in

Lebensmitteln. Ein Lebensmittel mit viel Glutaminsäure, etwa eine Tomate, nennt man auch: reich an Umami.

Inosin und Guanosin wirken ebenfalls auf den Umami-Sinn.[16] Auch sie sind in unseren Lebensmitteln weit verbreitet. In Kombination mit Glutaminsäure vervielfacht sich ihre Wirkung.[17]

Glutaminsäure und Glutamat sind demnach praktisch das Gleiche. Den Begriff Umami verwendet man häufig gleichbedeutend. Streng genommen ist das nicht ganz richtig, aber in der Praxis soll uns das egal sein.

Glutamat ist überall, es ist lecker, und es ist lebenswichtig. Wie sollte es da ungesund sein?

GLUTAMAT IST NICHT UNGESUND

Seit seiner Entdeckung vor über 100 Jahren haben Wissenschaftler Glutamat unzählige Male untersucht. Nie fanden sie Belege für eine schädliche Wirkung auf den Menschen.[18] Das überrascht kaum angesichts der wichtigen Aufgabe des Glutamats im Menschen.

Vereinzelte Versuche mit Tieren deuteten auf mögliche Zusammenhänge mit Hirnläsionen. In diesen Untersuchungen umgingen die Forscher allerdings den Verdauungstrakt oder verabreichten extreme Dosen per

Magensonde; sie sind daher nicht praxisrelevant. Eine zusammenfassende Studie fand keine gesundheitlichen Risiken für den Menschen.

Glutamat kann appetitanregend wirken und steht daher oft in der Kritik, Menschen äßen deswegen mehr. Das betrifft allerdings jedes genießbare Lebensmittel und verhält sich genauso mit Salz, Zucker und Fett: Wenn etwas gut schmeckt, isst man tendenziell mehr davon.

Glutamat ist also nicht schädlich, seinen schlechten Ruf verdient es nicht. Wie konnte der lebenswichtige Stoff zu einem solch schlechten Image gelangen? In der mit Ideologien gespickten Welt der Ernährung entdecken wir schnell ähnliche Fälle, etwa Cholesterin oder gesättigtes Fett. Beide sind lebenswichtige Teile des Körpers und auch sie galten jahrzehntelang als ungesund und unter allen Umständen zu meiden. Es dauert Jahrzehnte, bis solche Ernährungsempfehlungen sich als falsch herausstellen. Gestern stand Cholesterin zu Unrecht am Pranger, heute sind es Glutamat und Fructose.

All diesen Fällen zeichnen ein Muster: Der Verbraucher versteht oft nichts von Biochemie und lässt sich die Welt lieber vom Fernsehen und der Klatschpresse erklären. Seine Wertschätzung guten Essens schwindet und er entfremdet sich von seinen Lebensmitteln. Egal welcher Hysterie der Kunde gerade anheimfällt: Die Industrie freut sich über jeden Trend und kann noch mehr Alternativprodukte verkaufen. Das Gegenmittel: Aufrichtiges Interesse des Kunden an Lebensmitteln, an der eigenen Gesundheit, an gutem Essen. Wertschätzung. Dafür benötigt man keinen Abschluss in Biochemie. Nur ein wenig Achtsamkeit.

GLUTAMAT UND DAS CHINARESTAURANT-SYNDROM

Als Chinarestaurant-Syndrom fasst man seit 1968 eine Reihe von Symptomen zusammen: Trockenheit oder Taubheit im Mund, Halsjucken, Hautrötungen und Herzklopfen. Ursache dafür sei Glutamat. Bis heute gibt es hierzu keine Belege und Untersuchungen deuten wiederholt auf psychosomatische Ursachen. Einige Studien führen die Symptome auf andere Zutaten zurück. Das Chinarestaurant-Symptom bzw. die Glutamatunverträglichkeit ist demnach das Gegenteil eines Placebo-Effekts: ein Nocebo-Effekt.[19] Das ändert nichts anden Symptomen, jedoch alles an der Ursache.

Denkbar ist: durch den Verzehr größerer Mengen Glutamat bzw. Glutaminsäure entsteht ein Überschuss im Körper. Ob jemand empfindlich reagiert, hinge dann davon ab, wie sein Körper mit dem Überschuss umgeht. Der Stoff selbst ist harmlos. Glutaminsäure gilt daher weder als Allergen noch als Toxin.

Auch könnten bei der industriellen Herstellung von Glutamat Nebenprodukte oder Verunreinigungen entstehen, die in der natürlichen Form nicht vorliegen. Das könnte der Gesundheit schaden.

Der Kontext ist ohne Zweifel von Bedeutung: Pures Glutamat in Pulverform wirkt, ebenso wie Zucker oder Fett, anders auf den Verdauungstrakt, als in Form echter Lebensmittel wie Tomaten, Pilzen und Erbsen.

Die Industrie setzt Glutamat neben viel Salz, Zucker und Fett als Geschmacksverstärker ein, auch um minderwertige Zutaten zu maskieren. Nicht nur in Fertigprodukten, auch in immer mehr heimischen Küchen treten die immer gleichen Geschmäcke in Soßen und Würzen in den Vordergrund. Sie überdecken die übrigen Aromen und stumpfen den Geschmackssinn ab. Das jedoch ist kein Problem des Glutamats, sondern ein Thema, mit dem sich jeder in seiner eigenen Küche beschäftigen sollte.

Man muss Glutamat also nicht meiden; das ist ohnedies unmöglich, da unser Körper es selbst herstellt. Vielmehr bieten Glutaminsäure und Umami Gelegenheit, Neues zu entdecken und abseits von süß, salzig, sauer und bitter zu denken. Fermentierte Lebensmittel, Dashi, Seetang und Fischsoße bieten vielen Menschen neue Geschmackswelten.

Glutamat ist nicht ungesund. Vielmehr: Wer Glutamat mit Bedacht einsetzt, kann sich besonders gesund ernähren.

GLUTAMAT FÜR GESÜNDERE ERNÄHRUNG

Manche Menschen essen ständig zu viel, andere (z. B. Pflegebedürftige) zu wenig. Beiden kann Glutamat im Essen helfen. Und man kann es nutzen, die Menge des verwendeten Salz, Zuckers und Fettes zu reduzieren und damit die Ursachen für Übergewicht, Herz-Gefäßerkrankungen, Diabetes sowie neurale und mentale Erkrankungen.

Warum essen die einen zu viel, die anderen zu wenig? Appetit hängt direkt mit Geschmack, Geruch und Aussehen des Essens zusammen, jedoch auch mit Sättigung und Befriedigung; die Menge ist zweitrangig. Schmeckt das Essen dem Sohn zu gut, dem Großvater nicht gut genug? Das ist zu einfach gedacht.

Der unterschiedliche Appetit muss mit dem ultimativen Grund für das Essen verknüpft sein: Wir essen in erster Linie, um zu überleben. Und das tun wir nicht wahllos.

Menschliches Geschmacksempfinden und entsprechende Vorlieben wurden wahrscheinlich durch die Evolution gebildet und konditioniert:

Süßes führt den Menschen zu Kohlenhydraten und viel Energie; salziges deutet auf lebenswichtige Ionen wie Natrium oder Kalium; Säuregehalt zeigt die Reife von Obst oder Gemüse an; und Bitterkeit ist eine Warnung vor potenziell giftigen Bestandteilen. Wer diese vier Grundgeschmäcke schmecken kann, findet bessere Nahrung und ist evolutionär im Vorteil. In der Reihe fehlte: Umami, der Geschmack des lebenswichtigen Stoffs Glutamat. Er signalisiert Aminosäuren und Proteine.

Umami ist daher ein natürlicher Hinweis auf nahrhafte Lebensmittel. Untersuchungen am Gehirn stützen diese These. Schon der menschliche Fötus und das Neugeborene schmecken Umami: Süße und Umami sind in Form von Laktose und Glutamat wesentliche Eigenschaften der Muttermilch. Der Umamigehalt von Lebensmitteln steigt durch Verarbeitungsschritte wie Kochen oder Fermentation[20] – beides erhöht auch den Nährwert.

Die Vorliebe für Umami liegt in der Natur des Menschen. Wer mit Rücksicht auf Umami kocht, kann demnach appetitlosen Menschen zu besserer Ernährung verhelfen.

Sollten dann diejenigen, die zu viel essen, Umami meiden? Im Gegenteil. Auch wer bereits zu viel isst, dem fehlt vielleicht Umami. Erinnern wir uns: Der Mensch ist genetisch programmiert, Glutamat zu suchen, weil es ein Zeichen für lebenswichtige Nährstoffe ist. Finden wir es nicht, suchen – und essen – wir immer weiter. Wer seinen Heißhunger nicht zu stillen vermag, dessen Körper ist vielleicht nur auf einer verzweifelten Suche nach Umami. Mehr Umami im Essen wäre dann die Lösung, um weniger zu essen.

Doch nicht nur von ihrem Appetit Geplagte gewinnen durch mehr Umami auf dem Teller. Denn mit Umami lassen sich in fast jedem Essen genau die drei verdächtigen Zutaten Salz, Zucker und Fett reduzieren, ohne dass der Genuss leidet:

- Mit nur 0,1 – 0,8 % Glutamat kann man die nötige Salzmenge um die Hälfte verringern, ohne die Genießbarkeit zu beeinträchtigen.[21]

- Glutamat verstärkt auch süßen Geschmack und man unterdrückt dadurch unerwünscht sauren Geschmack in Tomatenprodukten oder eingelegtem Gemüse.

- Auch Bitterkeit lässt sich durch Umami verringern.
- Sogar den Fettgehalt kann man durch Glutamat um bis zu 30 % senken, ohne Minderung der Genießbarkeit.[22]

Wer beim Kochen auf Umami Acht gibt, kann also schmackhafteres Essen zubereiten, das mehr befriedigt und gleichzeitig mit weniger Salz, Zucker und Fett auskommt.

Wichtig ist dabei der natürliche Umamigehalt: Der sättigt und befriedigt, indem er den Nährstoffbedarf deckt. Setzt man Glutamat als isoliertes Gewürz in Pulverform ein und folgt damit dem Vorbild der Lebensmittelindustrie, betrügt man seinen Körper um die entsprechenden Nährstoffe und verschärft das Problem.

Umami kann Probleme des Appetits lösen und so jenen Menschen helfen, die zu viel oder zu wenig essen. Wie kann man das nun beim Kochen nutzen?

Besser kochen mit Umami

Wir benutzen regelmäßig Salz und Zucker, auch Bitterstoffe oder Säuren wie Essig und Zitronensaft zum Abschmecken unserer Mahlzeiten. Warum sollten wir das herzhaft-befriedigende Umami nicht einsetzen? Tun wir es nicht, ignorieren wir ein Fünftel unserer Grundgeschmäcke und verwehren uns sinnliche Erfahrungen.

Außerdem stehen die Geschmäcke im Wechselspiel zueinander: Wer Umami mit Bedacht einsetzt, braucht weniger Salz, Zucker und Fett für das gleiche Geschmackserlebnis und das Essen wird befriedigender.

Im Folgenden verwende ich den Begriff Umami synonym mit Glutamat bzw. Glutaminsäure und den Schwesterstoffen Inosin und Guanosin.

Praxis: Kochen mit Umami

Kann man einfach eine der ungenauen Listen der Lebensmittel mit dem höchsten Umamigehalt anschauen und seine Mahlzeit aus den Spitzenreitern zusammenstellen? Ja. Doch selten führt dies Vorgehen zu Mahlzeiten, die dem eigenen Geschmack entsprechen. Und wie soll man dann genussvoll essen?

Beginnen wir stattdessen mit unseren Vorlieben und den vielleicht bestehenden Kochgewohnheiten. Darauf aufbauend können wir Umami als neuen Einfluss einbeziehen. Von Bedeutung ist dann nicht die höchste Umamikonzentration, sondern: der Geschmack. Das, was auf der Zunge landet; das, was zählt. Geschmack lebt von der Kombination.

In diesem Sinne folgen auch Zutaten, die mit wenig Glutaminsäure wirken. Denn Fleisch steht zwar ganz oben auf der Liste der Umami-Lebensmittel, ebenso Fleisch- und Knochenbrühe. Doch auch ohne Fleisch kann man in den vollen Umami-Genuss kommen.

Zutaten mit Umami

In vielen Küchen liegen bereits entsprechende Werkzeuge und Zutaten bereit. Parmesan zum Beispiel fehlt in kaum einer italienischen Speisekammer. Der Hartkäse enthält besonders viel Umami, was seine Verwendung als Würze für alle möglichen Speisen leicht erklärt – auch wenn sein Einsatz meist auf Tradition und Erfahrung beruht und nicht auf dem konkreten Wissen um Umami. Parmesan in Risotto und Pesto, auf Bolognese und Salat, an Gemüse und Pasta: Parmesan macht gutes Essen noch leckerer. Ein gutes Stück davon kann man lange aufbewahren.

Der schlichte erste Schritt: Vor dem Servieren eines Tellers Gemüse den Parmesan frisch (sonst verfliegt das Aroma) und großzügig über das Essen reiben: So einfach wie ein Salzstreuer.

Alle Käse enthalten Umami und mit zunehmendem Alter konzentriert sich dieser Geschmack. Doch auch die jüngeren Emmentaler und Gruyere eignen sich gut als Beigabe etwa in heißem Kartoffelpüree. Die feineren Aromen des Parmesan verfliegen besonders bei hoher Hitze schnell, daher ist die Zugabe erst kurz vor dem Verzehr sinnvoller.

Auch Pilze bringen mehr Umami ins Essen. Shiitake-Pilze gelten als besonders umamihaltig, andere Pilzsorten erfüllen den Zweck jedoch auch: Zum Beispiel unsere heimischen Steinpilze (Porcini) oder Champignons. Wer einen Schmortopf zubereitet, kann die Pilze zu Beginn sorgfältig anbraten und entweder allein oder zusätzlich zum Suppengrün aus Lauch, Möhren und Sellerie verwenden und so das Essen mit Umami anreichern.

Getrocknete Steinpilze (auch gemahlen) können als Gewürz viele Suppen geschmacklich vertiefen, ohne zwingend ein aufdringliches Pilzaroma zu verbreiten. Fein gewürfelte, durchgebratene Champignons eignen sich als Erweiterung zum Beispiel für Bolognese, als Beimischung für Frikadellen oder als Füllung für Omelettes.

Auch Tomaten sind eine beliebte Umamiquelle. Das erklärt ihre weite Verbreitung als Tomatensoße und Ketchup. Als getrocknete Tomaten kann man sie fein hacken und wie jedes andere Gewürz handhaben: Heiß

(Suppen, Schmortöpfe, gebackenes Gemüse) und kalt (Salate). Als Tomatenmark verwende ich das Aroma auch gerne außerhalb der Saison.

In die gleiche Familie gehören Chiliflocken, welche bereits beim leichten Anbraten einen unverkennbaren Duft ausströmen. Sparsam angewendet entfalten sie ganz ohne Schärfe ihr Aroma besonders in lange geschmorten Gerichten. Ein mit Chili gewürztes Essen muss nicht scharf sein.

Sardellen bzw. Anchovies sind würzender Bestandteil vieler italienischer Rezepte. Die gesalzenen Filets in Öl landen häufig fein gehackt in einfachen Soßen für Gemüse oder Pasta. Sardellenpaste aus der Tube (oft ohne weitere Zusatzstoffe) lässt sich genauso einfach handhaben wie Tomatenmark.

Besonders in Ost- und Südostasien, aber auch in einigen Regionen Italiens verbreitet ist Fischsoße, eine aus fermentiertem Fisch hergestellten Flüssigkeit. Das Umami darin stammt nicht nur aus dem Fisch selbst, sondern auch aus den Produkten der Fermentation, wie wir sie in Sauerkraut, Kimchi und anderen Fermenten finden.

Sojasoße ist eine weitere flüssige Umamiquelle. In Deutschland ist sie schon lange weit mehr als nur Beigabe zum Sushi.

Nicht zuletzt erreichen sorgsam geschmorte Zwiebeln und Knoblauch eine ähnlich intensiv aromatische Wirkung unabhängig von Umami. Gerade die Kombination mit der beim Braten stattfindenden Maillard-Reaktion (Einzelheiten ab Seite 184) zeigt, wie stark man den Geschmack mit einfachen Mitteln vertiefen und verbreitern kann. Die Maillard-Reaktion vervielfacht auch das Potenzial der weiter oben genannten Zutaten wie Pilze und Tomaten.

Betrachtet man Umami als Gewürz wie Salz, Pfeffer und Essig, kann man es mit einfachen Mitteln in den Kochalltag eingliedern und fast jedes seiner bestehenden Rezepte erweitern. Hier findest du eine Übersicht einiger Zutaten mit hohem Umamianteil:

PULVERARTIG:

- Parmesan
- Chili-Flocken
- Knoblauchgranulat
- Steinpilzgranulat

SOSSEN UND PASTEN:

- Anchoviepaste/Sardellenpaste
- Tomatenmark

- Fischsoße
- Sojasoße
- Misopaste

- Pilze
- Tomaten
- Getrocknete Tomaten
- Knoblauch
- Zwiebeln

KOMBINIEREN UND OPTIMIEREN

Viele Heimköche sind immer wieder überrascht, wenn sie zum ersten Mal den großen Effekt allein einer Handvoll sorgfältig angebratener Champignons in Gulasch, Gemüseschmortöpfen oder Suppen erleben.

Die weiter oben genannten Zutaten kann man freilich auch miteinander kombinieren. Verschiedene Umami-Quellen potenzieren sich teils in Ihrer Wirkung und wirken so stärker als die Summe der Einzelteile.

Meine Gemüseschmortöpfe beginne ich zum Beispiel gerne mit fein gehackten und angebratenen Möhren, dazu schmore ich Champignons und Knoblauch. Bereits früh während des Garens gebe ich eine Prise Chili-Flocken hinzu, manchmal auch einige gehackte, getrocknete Tomaten oder später etwas Tomatenmark. Eine leichte Decke aus Parmesan krönt gelegentlich den Teller und hat ihre erhebende Wirkung noch nie verfehlt. Probier es aus. Und schau dir auch die folgenden Hinweise zum Anbraten und Rösten an.

KOCHEN MIT DER MAILLARD-REAKTION

Sie erfüllt die Luft mit dem Duft frisch gemahlenen Kaffees und getoastetem Brot; sie erzeugt den Geschmack von Schokolade und gegrilltem Steak; sie verleiht Bier seine Farbe. Seit Entdeckung des Feuers ist sie weltweit aus keiner Esskultur wegzudenken: die Maillard-Reaktion. Sie schenkt uns die Düfte und Geschmäcke, die uns unmittelbar Bilder und Erinnerungen bestimmter Speisen in den Kopf zaubern, die wir besonders lieben.

WAS IST DIE MAILLARD-REAKTION?

Louis Camille Maillard beschrieb 1912 erstmals die chemische Reaktion zwischen Zuckern und Aminosäuren (das sind Eiweißbestandteile). Die Maillard-Reaktionen sind weit mehr als die Veränderungen einzelner Bestandteile durch Hitze, wie etwa Konzentration des Geschmacks durch verdampfendes Wasser. Unter Hitze gehen Zucker und Aminosäuren neue Verbindungen ein. Und die reagieren wiederum zu Hunderten verschiedener und abermals neuer Stoffverbindungen, die es zuvor im Lebensmittel nicht gab. Die Zucker für solche Reaktionen schmecken nicht immer süß: Fleisch enthält zum Beispiel mit Ribose einen bedeutsamen Zucker, der den Geschmack und das Aussehen eines gegrillten Steaks wesentlich verantwortet.

Die entstehenden Stoffverbindungen bringen neue Aromen und Gerüche mit sich. Wir nennen sie Röstaromen – ein irreführender Begriff, der kaum die möglichen Aromen wie Zitrus, Schwarze Johannisbeere, Walnuss, Schokolade, Birne, Nelke, Minze oder Torf vermuten lässt.

Betont wahrnehmen kann man die Maillard-Reaktion bei Temperaturen oberhalb 110 °C auf Lebensmitteln mit trockener Oberfläche. Etwa bei Brot, Keksen oder einem Braten im Ofen oder Möhren in der Pfanne.

Solange Wasser vorhanden ist, bleibt die Temperatur des Lebensmittels unter 100 °C. Erst nach dem Verdunsten findet die Maillard-Reaktion dann sichtbar statt. Deswegen fordern viele Rezepte für Schmortöpfe, das Fleisch anzubraten, bevor man Flüssigkeit hinzugibt. Der übliche Temperaturbereich für die gezielte Maillard-Reaktion liegt zwischen 110 bis 150 °C. Darüber beginnt langsam die Karamellisierung (welche auch zeitgleich zur Maillard-Reaktion ablaufen kann); später, ab etwa 180 °C, die Pyrolyse: es verkohlt. Die Temperaturbereiche gehen fließend ineinander über, man kann sie nicht strikt trennen.

Das genaue Resultat der Maillard-Reaktion ist abhängig von Temperatur, Garzeit, Wassergehalt, pH-Wert und Art und Menge der beteiligten Aminosäuren und Zucker. Glucose und Fructose reagieren beispielsweise bereitwilliger mit Aminosäuren als die Zuckerverbindung Sucrose.

So können ein hoher pH-Wert, hohe Aminosäuren- und Zuckerkonzentrationen und eine lange Garzeit eine sicht- und schmeckbare Maillardreaktion auch bei Temperaturen unter 100 °C ermöglichen. Ein Beispiel für die Veränderung des pH-Wertes ist die Laugenbrezel: Vor dem Backen taucht man sie in eine Natronlauge, um die Maillard-Reaktion beim Backen zu fördern. Deswegen ist die Oberfläche der gebackenen Brezel dunkler als üblich.

Physiologisch betrachtet findet die Maillard-Reaktion ständig in unserem Körper statt – wenn auch sehr langsam – wann immer reduzierende Zucker mit Aminoverbindungen reagieren. Beispiele sind Alterung, Grauer Star und Diabetes mellitus.[23] Das bedeutet jedoch nicht, der Verzehr Maillard-reagierter Lebensmittel trage zu diesen Erscheinungen bei.

Die Maillard-Reaktion ist keine Karamellisierung

Oft nennen wir die Maillard-Reaktion einfach Bräunungsreaktion. Das führt häufig zu Verwechslungen. Karamellisierte Zwiebeln sind tatsächlich eher maillardisierte Zwiebeln; das gleiche gilt für die Kruste von Broten und Backwaren. Karamellisierung ist der Zerfall von Zuckern. Es ist daher ein von der Maillard-Reaktion getrennter Vorgang, der gleichzeitig stattfinden kann und optisch zu einem ähnlichen Ergebnis führt: braune Farbe. Diese Veränderung der Zucker führt ebenfalls zu einem veränderten Aroma.

Die Maillard-Reaktion bietet jedoch durch die zusätzlichen Ausgangsfaktoren (etwa Stickstoff) um ein Vielfaches mehr geschmackliche Veränderungen: Jedes Lebensmittel bietet eigene Kombinationen und einen Großteil der entstehenden Verbindungen haben wir bis heute nicht analysiert.

Die Bedeutung für das Kochen

Die vielzähligen Variablen der Maillard-Reaktion bedeuten für das Essen auf unser aller Tellern: Allein durch langsames oder schnelles Garen, hohe oder mittlere Hitze, mehr oder weniger Eiweiß oder Zucker können wir unterschiedliche Aromen erreichen. Die Art der Zubereitung wirkt sich nicht nur ungefähr, sondern in jedem Detail auf das Ergebnis aus. Zehn Minuten maillardisierte Zwiebeln schmecken anders als solche, die eine Stunde braten – auch bei gleicher Farbe. Das Auge ist ein schlechtes Messgerät für die Maillard-Reaktion, denn das farbliche Ergebnis des Vorgangs ist für alle der Tausenden möglichen Stoffe immer das gleiche: ein Braunton.

Das bedeutet: die Zugabe von mehr oder weniger Zucker beeinflusst nicht nur die Süße des Endergebnisses, sondern auch die Art und Anzahl der Röstaromen.

Jedes Detail ist beim Kochen von Bedeutung.

Sind Röstaromen ungesund?

Die fließenden Temperaturbereiche verunsichern viele Menschen. Ist das Garen ungesund? Ab etwa 180°C entstehen sogenannte Acrylamide, die heute als krebserregend gelten.[24] Doch sie entstehen nicht immer beim Garen oder Rösten. Eine Möhre im Ofen mit 220 °C gart nicht mit der gleichen Temperatur, sondern verbleibt längere Zeit bei etwa 100 °C, bis das enthaltene Wasser verdunstet. Erst dann steigt langsam die Temperatur an der Oberfläche.

Durch sorgfältige Zubereitung kann man die gewünschten Aromen und Gerüche der Maillard-Reaktion erreichen, ohne gesundheitsgefährdende Acrylamide zu erzeugen.

Harold McGee, Autor des wegweisenden *On Food and Cooking: The Science and Lore of the Kitchen*, schreibt dazu: »Der Nährwert solcher Lebensmittel ist leicht reduziert, weil einige Aminosäuren verändert oder zerstört werden.« Da der Effekt in der Regel nur an der Oberfläche auftritt, ist diese Auswirkung minimal.

Weiterhin schreibt er, die gesundheitliche Auswirkung gegebenenfalls auftretender Acrylamide bleibe unklar. Und weil gebräunte Lebensmittel seit Tausenden Jahren üblich und verbreitet sind, bedrohen sie die öffentliche Gesundheit offenbar nicht wesentlich.

Einige Produkte der Bräunungsreaktionen schützen gar gegen DNA-Beschädigungen und wirken antioxidativ.[25] Es scheint daher allenfalls umsichtig, dunkelbraune Lebensmittel nicht zu jeder Mahlzeit auf den Tisch zu stellen.

Wie kann ich die Maillard-Reaktion nutzen, aber Acrylamide vermeiden? Nicht immer kann oder möchte man die genaue Temperatur des Garguts messen. Allerdings zeigt die Farbe einfach, ob ungesunde Stoffe entstehen: Der Verzehr auch geringer Mengen schwarz verkohlter Lebensmittel ist nicht ratsam (und in der Regel unappetitlich). Jeden Quadratzentimeter Oberfläche vom Grillfleisch abzuschneiden ist hingegen mühselig und verfehlt den Zweck. Ratsam ist, beim Grillen aufzupassen und das Verkohlen zu verhindern. Also:

- Beim Kochen Sorgfalt walten lassen.
- Schwarz verkohlte Lebensmittel entsorgen.
- Wenige tief-dunkelbraune Stellen im Essen sind kein Grund zur Panik.

KOCHEN MACHT SCHLANK

Paleo, vegan, Rohkost oder Mittelmeerdiät: Wissenschaftler, Medien und Verbraucher suchen seit Jahrzehnten die beste, die einzig wahre Diät. Kein Programm scheint zu sonderbar, keine Anwendung zu kompliziert. Dass dabei ein Trend dem nächsten folgt, freut alle Beteiligten: Die Industrie verkauft mehr Spezialprodukte, die Medien haben etwas zu berichten und Verbraucher finden ihre Identität – der Nährstoffismus blüht.[26]

Offensichtlich kann keines dieser Konzepte das Beste sein, denn sie alle funktionieren für einige Menschen hervorragend und für andere gar nicht. Sie haben untereinander viel gemeinsam. Bereits an der Oberfläche zeigt sich der erste und wichtigste Schritt: Die Anwender befassen sich mehr mit Ihrem Essen als vor der Ernährungsumstellung.

Verfolgt man diese Gemeinsamkeiten weiter, entdeckt man den eigentlichen Wirkungsweg dieser Konzepte. In ihm verbirgt sich ein Hinweis auf die ultimative Ursache der heutigen Ernährungsprobleme – und die mögliche Lösung, um diese Herausforderung in Angriff zu nehmen.

WENN ESSEN ZUR PORNOGRAFIE WIRD

Während wir immer mehr Zeit vor Bildschirmen verbringen – eine Entwicklung, die in den letzten Jahren durch die Verbreitung von Smartphones und Tablets einen vormals ungeahnten Anschub erhielt –, verbringen wir heute nur noch halb so viel Zeit in der Küche wie vor fünfzig Jahren. Kurios ist, was wir uns auf diesen Bildschirmen anschauen: Die Zahl der Kochsendungen und anderer

Programme über Essen in Fernsehen und Internet ist explodiert. Millionen bestaunen *Das perfekte Dinner*, fiebern mit beim *Kochduell* oder *Game of Chefs,* bewundern die Makroaufnahmen aufwändig angerichteter Speisen und machen sich so Appetit – während sie nebenher die Pizza vom Lieferdienst verschlingen.

Das visuelle Feiern des Essens ist schon lange in Kochbücher eingezogen: Beurteilt werden überwiegend die Fotos. Nahaufnahmen, aufwendige Hintergründe und teure Gesamtkonzepte haben die Illustrationen und rein demonstrativen Fotos der Vergangenheit verdrängt. Dutzende solcher Kochbücher zieren die Regale von Liebhabern guten Essens. Oft kocht solch ein Sammler nicht ein einziges der Rezepte selbst nach.

Als Essenspornografie kritisiert Carlo Petrini, Gründer der Slow-Food-Bewegung, diese Entwicklung. Wir schauen zu, aber machen es nicht selbst. Die Bilder sollen Lust machen; pfundschwere Burger, begraben unter Schichten aus Speck, Käse und Soße, zielen obszön auf die Speicheldrüsen. Der Schwerpunkt liegt allein auf dem Konsum und auch die aufrichtige Suche nach Kochtipps ist schnell vergessen.

»Wie kommt es, dass wir so erpicht darauf sind, anderen Menschen beim Anbräunen von Rindfleisch zuzuschauen aber so viel weniger interessiert, es selbst zu tun?« fragt sich auch Michael Pollan (u. a. Autor von *Das Omnivoren-Dilemma* und *Lebens-Mittel: Eine Verteidigung*). In den 1960er Jahren prägte Julia Child das Kochen im Fernsehen und warb für die furchtlose Nutzung der heimischen Küche. Ihr Aufstieg überschnitt sich paradoxerweise mit dem Niedergang des heimischen Kochens und der Verbreitung von Fast Food und Fertiggerichten.

Und wie nutzen wir die Freizeit, die wir durch Fertiggerichte und Fast Food gewinnen? Offenbar, um im Fernsehen oder auf dem Smartphone andere Menschen beim Kochen und Essen zu beobachten. Ein starker Anstieg des Übergewichts, Fettleibigkeit und entsprechende Erkrankungen begleiten diese Entwicklung.

Kochsendungen machen dick?

Freilich ist das zunächst nur ein Zusammenhang und kein Nachweis nach dem Prinzip von Ursache und Wirkung: Dass es nachts dunkel ist, liegt nicht daran, dass ich genau dann schlafe – auch wenn es miteinander einhergeht.

Die zuvor genannten Entwicklungen bedeuten allerdings greifbare Veränderungen:

- Wir investieren weniger Zeit in die Zubereitung unseres Essens. Die Folge: Das Essen kostet weniger (in Form von Zeitkosten). Lebensmittel sind letztlich besser verfügbar und billiger.
- Wir verbringen mehr Zeit beim Medienkonsum. Eine Folge: Wir bewegen uns weniger.
- Wir fördern durch ernährungsspezifischen Medienkonsum (Kochsendungen, Werbung, Blogs etc.) unseren Appetit. Mögliche Folge: Wir essen mehr.

Die Harvard-Ökonomen um Professor Cutler fanden heraus:[27] die Kalorieneinnahme von US-Amerikanern hat sich zwischen 1977 und 1995 um rund fünfzehn Prozent erhöht. (Die Essgewohnheiten der gesamten westlichen Welt ähneln sich und sind teils vom amerikanischen Vorbild geprägt, insofern gelten diese Beobachtungen allgemein.) Dabei nehmen sie zu den klassischen Mahlzeiten nur wenig mehr Kalorien zu sich. Jedoch hat sich zu Frühstück, Mittag- und Abendessen eine wesentliche vierte Mahlzeit gesellt: der Snack, verteilt über den gesamten Tag. Als passives Essen schlägt dieser mittlerweile zu Buche wie ein ganzes Mittagessen.

Das passt in das übrige Muster, denn nach der quantitativen Analyse galt die Frage der Qualität: Was essen wir und was hat sich verändert? Um das zu beantworten, betrachteten die Forscher die Wertschöpfungskette. Im Gegensatz zu früher landet heute anteilig weitaus mehr Geld in der verarbeitenden Industrie als beim Landwirt. Das heißt: Wir kaufen mehr vorverarbeitete Lebensmittel und Fertiggerichte. Dinge, die uns Zeit bei der Zubereitung sparen.

Zeitersparnis mag zunächst gut klingen. Doch die Forscher entdeckten: Solche Gruppen, die weniger Zeit mit der Zubereitung ihrer Mahlzeiten verbringen, werden häufiger übergewichtig (Anstieg des Body Mass Index, BMI). Für sie steigt auch das Risiko der Erkrankung an Typ-2-Diabetes.[28]

Diese Theorie impliziert, dass sich landestypische Unterschiede in Kochkultur und -technologie auch auf den Body Mass Index der Bewohner auswirken. Genau das ist der Fall:

Vier von fünf US-Haushalten verfügen über Mikrowellenöfen; in Großbritannien, mit ähnlicher Verbreitung von Übergewicht, sind es zwei Drittel der Haushalte. Im Gegensatz dazu steht Italien: Hier ist Übergewicht deutlich weniger verbreitet. Nur jeder siebte Haushalt verfügt über eine Mikrowelle.

Mit diesen Beobachtungen deckt sich der Zeitaufwand für das Zubereiten des Essens: Französische und italienische Erwachsene verbringen täglich knapp zwanzig Minuten mehr Zeit mit Kochen als Amerikaner und Briten.

Je mehr Zeit wir mit Kochen verbringen, desto weniger essen wir und desto weniger leiden wir an Übergewicht. Zugleich gilt: Wer, statt zu kochen, einfach billiges Essen kauft, wird davon wahrscheinlich mehr essen und entsprechend zunehmen. Wenn das Essen immer leicht verfügbar ist, neigen wir dazu, mehr zu essen als nötig. Erfordert die Zubereitung einer dekadenten Kalorienbombe hingegen mehr Zeit und Arbeit, genießen wir sie seltener.

KOCH DICH SCHLANK

Was die Forscher um Cutler präsentieren, erklärt den Erfolg der zuvor genannten Diäten: Wer seine Ernährung auf Paleo, vegan oder Rohkost umstellt, verbringt meist mehr Zeit mit der Beschaffung oder Zubereitung seiner Nahrung. Dann leuchtet auch ein, warum diese Ernährungsformen für einige Anwender nicht funktionieren: Sie greifen regelmäßig zu den von der Industrie in die Bresche geworfenen Produkten wie Paleo-Nudeln oder vegane Leberwurst. Diese einfach verfügbaren Fertigprodukte sind in der Regel durch Zugabe von Salz, Zucker und Fett besonders appetitanregend, häufig kalorienreich und stehen dem gewünschten Erfolg – abnehmen oder gesünder Essen – direkt im Weg.

»Häufiges Kochen fördert ein langes Leben«, titelte eine Pressemitteilung der Cambridge Universität und bezieht sich damit auf das Forschungsergebnis einer Untersuchung unter Mark Wahlqvist:[29] »Es ist klar geworden, dass Kochen ein gesundes Verhalten ist. Es verdient einen Platz in der lebenslangen Ausbildung, Gesundheitspolitik, Stadtplanung und Hauswirtschaft. Die Wege zur Gesundheit durch Lebensmittel sind nicht beschränkt auf deren Nährstoffe oder Bestandteile, sondern dehnen sich aus auf jeden Schritt der Nahrungskette von der Produktion zum Kauf über die Zubereitung bis zum Essen, besonders in Gesellschaft.«

SELBST KOCHEN? WER SOLL SICH DAS LEISTEN?
Zeit sei Geld, meint der Volksmund. Viele argumentieren daher, nur die Reichen könnten es sich leisten, selbst zu

kochen. Rufen wir uns die Datenlage zur Freizeitgestaltung noch einmal in Erinnerung: Viele Menschen verfügen über ausreichend freie Zeit, um selbst zu kochen. Die Mehrheit entscheidet sich jedoch dagegen – überwiegend, um stattdessen Medien zu konsumieren.

Dass nicht etwa die wohlhabendsten Menschen sich am besten ernähren, zeigte eine Studie zum Essverhalten und der Nährstoffeinnahme US-Amerikanischer Frauen.[30] Hier ist tendenziell die Mittelschicht diejenige Gruppe, welche den größten Teil des Essens selbst zubereitet und entsprechend gesund lebt. Daher schließt die Studie: »Wir folgern: demographisches Wissen um Einkommen und Bildungsstand reichen zur Beurteilung nicht aus.«

DIE LEHRE

Die Vergangenheit bestätigt die These, Menschen blieben schlanker und gesünder, je mehr Zeit sie mit der Zubereitung ihres Essens verbringen. Traditionelle Küchen und Ernährungsgewohnheiten unserer Ururgroßeltern oder noch heute naturnah lebender Völker und Stämme untermauern das. Zugleich sind traditionelle Lebensweisen die am besten erprobten. Das macht sie nicht zwingend zu den gesündesten, erlaubt jedoch die meisten Rückschlüsse: Was tausend Jahre funktioniert hat, wird wahrscheinlich weiter Erfolg haben.

Der Begriff Diät stammt aus dem Griechischen: díaita bedeutet ursprünglich Lebensweise. Das ist nichts, was man nach wenigen Wochen für beendet erklärt (wie viele Menschen den Begriff Diät heute üblicherweise verstehen). Eine Lebensweise ist ein Verhalten, das man sich aneignet und möglichst jeden Tag lebt. Eine empfehlenswerte Diät/Lebensweise ist also diejenige, bei der man seinem Essen viel Zeit und Sorgfalt widmet. Liebe nennen wir das oft, oder: Mit Liebe gemacht.

Woher diese Zeit kommen kann, ist auch klar: Wir könnten wenigstens einen Teil unseres passiven Medienkonsums aufgeben zugunsten der aktiven Freizeitgestaltung, des Lernens, der Produktivität und Kreativität in der Küche. Statt anderen beim Machen zuzusehen, könnten wir selbst aktiv werden. Unserer Gesundheit täten wir damit einen großen Gefallen.

Seit fast 30 Jahren studiert Marktforscher Harry Balzer das Ess- und Trinkverhalten der US-Amerikaner (welches dem unseren stark ähnelt). Auf die Frage nach der besten Diät meint er:

»Ganz einfach. Du möchtest, dass Amerikaner weniger essen? Ich habe die passende Diät dafür. Kurz und einfach. Hier ist mein Diätplan: Koch' es selbst. Das ist alles. Iss alles, was du willst – solange du bereit bist, es selbst zu kochen.«[31]

Es sich selbst machen

Wenn jemand sich nie selbst befriedigt hat, nicht weiß, welcher Reiz welches Gefühl auslöst, wie kann er dann erwarten, dass ein Partner das vermag? So vergehen ganze Ehen in sexueller Unzufriedenheit durch unrealistische Erwartungen, begleitet von Affären und heimlichen Bordellbesuchen. Niemand anderes als wir selbst ist zuständig oder verantwortlich für unsere sinnliche Befriedigung.

Was für das Schlafzimmer gilt, stimmt am Esstisch nicht weniger: Wer nie selbst gekocht hat, nie selbst geschnitten, geschmort, gewürzt und gebraten hat, weiß gar nicht um die bestehenden Möglichkeiten – und Unmöglichkeiten. Er weiß nicht, was seine eigenen Sinne überhaupt können. So jemand lebt in einer Welt des Nebels, fremdbestimmt durch die Geschmäcke anderer Menschen.

Sinnliche Befriedigung findet darüber hinaus im Kopf statt. Wenn wir uns mehr oder bessere Befriedigung wünschen, können wir andere Stimulatoren verfolgen; andere Partner suchen, andere Bilder anschauen, andere Blumen beschnuppern oder anderes Essen probieren. Kurz: Wir können die gewünschte Befriedigung in der Umwelt suchen. Doch letztlich findet die Befriedigung, die Interpretation der Sinneseindrücke, allein im Kopf statt. Das erklärt, warum der gleiche Reiz unterschiedliche emotionale Reaktionen hervorrufen kann. Schokoladencreme als Dessert kann uns ekstatisch begeistern oder, nach jeder Mahlzeit serviert, zu den Ohren heraushängen.

Wer vor diesem Hintergrund allein dem Koch die Schuld am schlecht schmeckenden Essen gibt, handelt unfair und verkennt die eigene Rolle. Von handwerklichen Fehlern und Extremfällen abgesehen, gehören zum schlechten Essen immer zwei: Jemand, der es zubereitet und jemand der es isst. Das verdeutlicht den Unterschied zwischen Rezeption und Interpretation. Auch dann, wenn der Koch sein Essen selbst isst: Was die Zunge schmeckt, gleicht nicht dem, was unser Gehirn als Geschmack wahrnimmt.

Und hier schließt sich der Kreis. Denn wie unser Kopf Sinneseindrücke interpretiert, hängt auch von vergangenen Erfahrungen ab. Das heißt: Wer sein Leben lang nur unreife Bananen gegessen hat, wird sie für das Optimum halten. Erst, wenn er eine reife Banane probiert, bewertet er die Erfahrungen neu und wird (wahrscheinlich) künftig den Geschmack unreifer Bananen abstoßend finden – obwohl sich daran objektiv nichts verändert hat.

Das Probieren der reifen Banane hat somit den Geschmack der unreifen Banane verändert. Die Erweiterung des geschmacklichen Repertoires beeinflusst die Wahrnehmung. Wer regelmäßig kocht, kann das ständig erleben. Man könnte formulieren: Wer nicht kochen kann, hat keine Ahnung vom Essen. (Selbstverständlich kann jeder beurteilen, ob ihm etwas schmeckt. Doch ohne die entsprechende Erfahrung bleibt das stets ein oberflächliches und beschränktes Urteil. Damit kann man leben. Wenn man möchte.)

Nur wer die Natur seiner eigenen Vorlieben kennt, kann seine Sinne voll befriedigen. Und wer sinnlich derart kompetent ist, hat auch größere Chancen, andere Menschen zu befriedigen, weil er zumindest das Wesen der Befriedigung erforscht hat. Solche Experimente kann man allein in aller Ruhe durchführen. Das kann die Sinne wecken, den Blick auf weit mehr als das Essen völlig verändern und viel Freude in den Alltag bringen.

Nimmst du dir regelmäßig Zeit für dich selbst und erkundest, was dich anmacht?

Probierst du auch mal neue Sachen aus? Oder überprüfst du, wie Altbekanntes mit einer kleinen Änderung zu einem neuen Erlebnis werden könnte?

Vorlieben ändern sich im Lebensverlauf. Erlaubst du dir, deine Meinung zu ändern und Dinge auszuprobieren, die du in der Vergangenheit abgelehnt hast?

HÄUFIGE FRAGEN

Eignen sich die Rezepte auch für vegane Ernährung?

Klar. Lass einfach alle Tierprodukte weg. Benutze Olivenöl anstelle von Butter.

Eignen sich die Rezepte auch für Rohköstler?

Sicher. Überspringe alle Zubereitungsschritte, in denen gekocht wird und iss die Mahlzeiten roh.

Eignen sich die Rezepte auch für Paleo-Anhänger?

Auch das. Entferne jegliche Getreide, Milchprodukte, Nachtschattengewächse, Hülsenfrüchte und Pflanzenöle aus den Zutatenlisten und genieß die Gerichte so.

Ist das dein Ernst?

Ja. Es gibt kein veganes Kochen, kein vegetarisches Kochen, kein Paleo-Kochen. Es ist immer nur Kochen mit unterschiedlichen Zutaten. Ob man eine Rohkostmahlzeit überhaupt kochen kann, darüber sollen sich die Gläubigen streiten.

Darf man Olivenöl erhitzen?

Eine der größten Streitfragen zum Olivenöl ist die Hitzestabilität. Die einen rufen, es sei egal; die anderen reagieren mit Panik und meinen, Olivenöl würde durch Erhitzen sofort zum Gesundheitsrisiko. Denn durch Hitze könnten Transfette entstehen, die Oxidation würde gefördert und durch Verbrennen entstünden Karzinogene. Das klingt plausibel, hängt jedoch ab von der Dosis: Selten ist etwas einfach nur schwarz oder weiß.

Welche Dosis, welche Hitze ist also in Ordnung für Olivenöl? Dazu gibt es einige Untersuchungen:

- Olivenöl übersteht Frittier-Temperaturen über eine Dauer von 24 bis 27 Stunden ohne kritische Schäden.[32]
- Natives Olivenöl Extra widersteht oxidativen Schäden auch über 36 Stunden bei 180 °C und die (ohnehin wenigen) Phenole bleiben weitgehend erhalten.[33]

Das zeigt: Gutes Olivenöl eignet sich offenbar ohne gesundheitliche Bedenken praktisch immer auch zum Kochen.

Eine weitere eher schwache Studie zeigte Probleme bei Erhitzen des Öls auf 210 °C über acht Stunden: Nach dem Verzehr erhöhten sich die oxidativen Marker der Testpersonen.[34] Dabei gab es allerdings keine Angabe über die Güteklasse des verwendeten Olivenöls. Zudem: Wer erhitzt sein Öl schon stundenlang so stark?

Daher verwende ich Olivenöl für fast alles. Wenn es mal besonders heiß werden soll – zum Beispiel beim Einbrennen einer Pfanne oder wenn ich ein Steak scharf anbraten möchte (das passiert alle paar Jahre) – dann verwende ich ein gesättigtes Fett wie Rindertalg oder Schweineschmalz.

ANMERKUNGEN

[1] Wrangham, RW. (1977) *Feeding behaviour of chimpanzees in Gombe National Park, Tanzania.*

[2] Fisher, M. F. K. (2012) *Love in a dish ... and other culinary delights.*

[3] BBC. (2015) *The Hunt.* Ep. 3, ~41:00.

[4] The RSA. *How Cooking Can Change Your Life.* Michael Pollan. YouTube. 4 Sept. 2013.

[5] Pollan, Michael. (2009) *Lebens-Mittel: Eine Verteidigung gegen die industrielle Nahrung und den Diätenwahn.* Goldmann Verlag.

[6] Yukaki Tano et al. *Combined effects of eating alone and living alone on unhealthy dietary behaviors, obesity and underweight in older Japanese adults: Results of the JAGES.* Appetite, Volume 95, 1. Dezember 2015, Pages 1–8.

[7] *The Importance of Family Dinners* VIII. The National Center on Addiction and Substance Abuse. Web. 22 Sept. 2016.

[8] vgl. Adler, Tamar. (2011) *An Everlasting Meal.* Seite 4.

[9] vgl. Adler, Tamar. (2011) *An Everlasting Meal.*

[10] Florence Aviat et al. *Microbial Safety of Wood in Contact with Food: A Review.* Comprehensive Reviews in Food Science and

Food Safety, Volume 15, Issue 3, May 2016, Pages 491–505.

[11] Siehe auch: Olschewski, Felix. (2017) *Food Porn: Angucken macht dick.* Urgeschmack. www.urgeschmack.de.

[12] Siehe auch: Olschewski, Felix (2018) *Gesünder essen durch klassische Musik.* Urgeschmack. www.urgeschmack.de.

[13] David M. Cutler, Edward L. Glaeser and Jesse M. Shapiro. *Why Have Americans Become More Obese?* Journal of Economic Perspectives, Volume 17, Number 3; Summer 2003; Pages 93–11.

[14] Tatsächlich sind es mehr als fünf. In den vergangenen Jahren entdeckte man noch weitere Rezeptoren, darunter solche für Fett und Stärke.

[15] Meldrum, BS. *Glutamate as a neurotransmitter in the brain: review of physiology and pathology.* J Nutr. April 2000.

[16] Gary K Beauchamp. *Sensory and receptor responses to umami: an overview of pioneering work.* American Society for Nutrition, 1 Sept. 2009.

[17] Chaudhari et al. *Taste receptors for umami: the case for multiple receptors.* Am J Clin Nutr. Sep 2009.

[18] Ronald Walker, John R. Lupien. *The Safety Evaluation of Monosodium Glutamate.* J. Nutr. 130: 1049S–1052S, 2000.

[19] Prawirohardjono et al. *The Administration to Indonesians of Monosodium L-Glutamate in Indonesian Foods: An Assessment of Adverse Reactions in a Randomized Double-Blind, Crossover,*

Placebo-Controlled Study. J. Nutr. 130: 1074S–1076S, April 2000.

[20] Mouritsen, Ole G. *Umami flavour as a means of regulating food intake and improving nutrition and health.* Nutrition and Health 21(1) 56–75. Jan. 2012.

[21] Yamaguchi S, Takahashi C. *Interactions of monosodium glutamate and sodium chloride on saltiness and palatability of a clear soup.* J Food Sci. 1984;49:82–5.

[22] Bellisle F. *Experimental studies of food choices and palatability responses in European subjects exposed to the umami taste.* Asia Pacific J Clin Nutr. 2008;17(S1):376–9.

[23] Thorpe SR, Baynes JW. *Role of the Maillard reaction in diabetes mellitus and diseases of aging.* Drugs Aging. 1996 Aug;9(2):69–77.

[24] Hogervorst Jg, et al. *A prospective study of dietary acrylamide intake and the risk of endometrial, ovarian, and breast cancer.* Cancer Epidemiol Biomarkers Prev. 2007 Nov;16(11):2304–13.

[25] Lusani Norah Vhangani, Jessy Van Wyk. *Antioxidant activity of Maillard reaction products (MRPs) derived from fructose–lysine and ribose–lysine model systems.* Food Chemistry Volume 137, Issues 1–4, 15 April 2013, Pages 92–98.

[26] Olschewski, Felix (2015) *French Toast oder: Nährstoffismus.* Urgeschmack.

[27] Cutler, David, et al. *Why Have Americans Become More Obese?* NBER. 16 Jan. 2003.

[28] Newsroom.heart.org. *Eating more homemade meals may reduce risk of Type 2 diabetes.* American Heart Association. American Heart Association Meeting Report Abstract 17285 (Poster S 2020) Hall A2. 8 November 2015.

[29] Cambridge University Press. *Frequent cooking will help you live longer.* 16 May 2012.

[30] Haines Ps, et al. *Eating patterns and energy and nutrient intakes of US women.* J Am Diet Assoc. 1992 Jun;92(6):698–704, 707.

[31] Michael Pollan. *Out of the Kitchen, Onto the Couch.* Nytimes.com. 2 Aug. 2009.

[32] Casal S (2010) *Olive oil stability under deep-frying conditions.* Food Chem Toxicol. 2010 Oct;48(10):2972–9.

[33] Allouche Y (2007) *How heating affects extra virgin olive oil quality indexes and chemical composition.* J Agric Food Chem. 2007 Nov 14;55(23):9646–54.

[34] Sutherland WH (2002) *Effect of meals rich in heated olive and safflower oils on oxidation of postprandial serum in healthy men.* Atherosclerosis. 2002 Jan;160(1):195–203.

Index der Rezepte

ÜBER DEN AUTOR

Felix Olschewski gründete 2009 Urgeschmack.de und später weidefleisch.org, veröffentlichte dort über 1000 Artikel, Rezepte und Videos über Ernährung und verhilft damit jeden Tag Tausenden Menschen zu mehr Zufriedenheit beim Essen. Seine Arbeiten über Essen und Esskultur fußen auf seinen Einblicken als forschender Autor, Koch auf Veranstaltungen und Berater im täglichem Kontakt zu Landwirten. Mit stetem Blick auf die Verbindungen unserer Ernährung zu Ökologie, Kultur und Sozioökonomie, Gesundheit und Geschmack zielt er auf ein Zusammenleben mit Rücksicht auf Natur und Kultur; mit Respekt vor Tier und Mensch.

Felix Olschewski gilt als Pionier der Paleo-Diät in Deutschland und zugleich als Kritiker dieser und anderer restriktiver Ernährungsformen. Er lebt im Naturpark Moor.

Weitere Bücher des Autors

Einfach essen –
Die beste Ernährung für mich
ISBN 978-3-7392-4111-1

Das Urgeschmack-Kochbuch:
Jeden Tag gesund und lecker
ISBN 978-3-8482-0621-6

Urgeschmack-Einstieg:
Der Grundstein für müeloses
Abnehmen, mehr Energie und
genussvolles Essen
ISBN 978-3-7357-5853-8